Karl O. Stoeber
Autogenes Psychotraining

Karl O. Stoeber

Autogenes PSYCHO TRAINING

Ariston Verlag · Genf

Andere Werke aus unserem Verlagsprogramm
finden Sie am Schluß des Buches verzeichnet.

Erstauflage August 1984
Printed in Austria 1984
ISBN 3 7205 1293 2

Inhaltsverzeichnis

Zum Geleit

Tag für Tag sind wir in Gefahr, unser seelisches Gleichgewicht zu verlieren, durch Einwirkungen, die von außen kommen, die wir in ihrer Gefährlichkeit nicht erkennen, die uns seelisch belasten, krankmachen. So vergeht auch kein Tag, an dem wir nicht durch unsere Massenmedien von der ständigen Zunahme seelisch bedingter Störungen unserer Gesundheit erfahren. Zunehmend treten deshalb Krankheiten aus dem seelischen und neurovegetativen Bereich in den Vordergrund; sie führten geradezu zu einem Panoramawandel der Krankheitsbilder der Gegenwart.
Mit dieser umfassenden Umschichtung der Krankheitsarten ist ein realistisches Erfassen dieser Tendenzwende nicht Hand in Hand gegangen. Das wirkt sich auf die erfolgreiche Behandlung vieler kranker Menschen ungünstig aus. Der Entwicklung psychosomatischer Krankheiten ist Tür und Tor geöffnet, da der Körper zum Symptomträger von Störungen, von Krankheiten des vegetativen Nervensystems, der Psyche wird, die entweder nicht erkannt, verdrängt oder – in der Art eines Reflexes – gar medikamentös zugedeckt werden, etwa nach dem Motto »Hast du was, nimm doch was – warum denn unnötig leiden!« So wird aber von den eigentlichen Ursachen vegetativer und seelischer Störungen abgelenkt; der therapeutische Um- und Irrweg führt unausweichlich zur Eskalation in Form der Zerstörung der seelischen Gesundheit.
Mehr und mehr entfernen sich die meisten Menschen in ihrer gesundheitlichen Verstrickung von den natürlichen Grundlagen der Selbsthilfe und sind sich der Bedeutung

und des Wertes ihrer Innenwelt nicht mehr bewußt. Sie geraten – aufgrund einer Vielzahl »seelischer Risikofaktoren« – allzuleicht in Kontaktstörungen, Konfrontationen, Konflikte mit oft katastrophalen Rückwirkungen auf die eigene seelische Gesundheit. Vielen Menschen fällt es auch immer schwerer, den Belastungen aus dem seelischen Bereich standzuhalten und diese aus eigener Kraft zu überwinden; viel zu schnell ergreifen sie die Flucht, die Flucht in eine körperliche Krankheit, in Medikamente, Alkohol, Drogen, in die seelische Kapitulation, die Depression, nicht selten auch führt ihre letzte Zuflucht in den Selbstmord.

Der Autor dieses Buches hat diese Zusammenhänge realistisch erkannt, verständlich dargestellt, überzeugend erklärt; ihm kommt das Verdienst zu, den Leser nicht nur zu überzeugen, sondern zugleich auch zu motivieren, bisherige Fehlhaltungen und Fehleinstellungen zu erkennen, diese aufzugeben, einen neuen Weg zu suchen und ihn auch zu gehen.

Als sehr wertvoll wird sich die vom Autor angebotene Hilfe zur Erlangung persönlichen Wohlbefindens durch Autosuggestion erweisen. Selbstverständlich kann und will die Autosuggestion, als eine vom Autor so überzeugend dargestellte Selbsthilfe, nicht den Arzt und auch nicht die medikamentöse Therapie ersetzen; sie kann diese jedoch *wesentlich* einschränken.

Für den Leser dieses Buches wird erkennbar, daß er in vielen Bereichen seines Lebens seine Einstellung zum Leben, zur Gesundheit, zur Krankheit überprüfen muß, um neue Wege zu suchen, zu finden, sie dann auch zu gehen. Die durch nichts ersetzbare Voraussetzung dafür liegt in einem

einzigen Wort: »Ändern!« Das ist eine Methode, die nicht leichtfällt, aber die einzig richtige ist, um aus allen Verstrickungen, Fehlern, Irrtümern, Unterlassungen, ja aus der Hoffnungslosigkeit herauszukommen. Auch in dieser Hinsicht hat der Autor des Buches wertvolle, für jeden Menschen auch begehbare Wege gewiesen; er kann sich auf HIPPOKRATES, den größten Arzt der Medizingeschichte, stützen: »Wenn ihr nicht bereit seid, euch zu ändern, kann euch nicht geholfen werden!«
Die Möglichkeiten zur Neubesinnung, zur Neuorientierung, zur Selbsthilfe werden in diesem Buch in einer für jeden Leser gut verständlichen und überzeugenden Form vermittelt. Daher begleiten dieses Buch meine besten Wünsche, möge es nicht nur viele Leser finden, sondern auch vielen Menschen helfen, seelisch gesund zu bleiben, seelisch wieder gesund zu werden. Bücher dieser Art sind notwendiger denn je!

Titisee-Neustadt, im Juli 1984

DR. MED. RUDOLF KÖSTER
REGIERUNGSMEDIZINALDIREKTOR

Erster Teil: Geistig-seelische Vorbereitung

Das Glück wohnt
nicht im Besitz
und nicht im Golde,
das Glücksgefühl
ist in der Seele
zu Hause.

DEMOKRIT

KAPITEL 1

Du bist ein Teil der gefährdeten Natur!

Die Seele – das Aschenputtel unserer Zeit

Wer erinnert sich nicht an die Trimm-dich-Parolen! Obwohl wir täglich von Schlagzeilen und Slogans überschüttet werden, reagieren wir immer noch auf sie, wenn sie den wunden Punkt treffen. So stand auch damals, als die Trimm-dich-Bewegung ihren Anfang nahm, innerhalb kurzer Zeit ein ganzes Heer von Anhängern, die glaubten, durch Trimmen und Joggen ein neues Lebensgefühl erwerben zu können. Und tatsächlich ist es so manchem gelungen, durch beharrliches Trimmen, seine Gesundheit zu stabilisieren. Andere allerdings – das soll nicht verschwiegen werden – wurden noch kränker, als sie schon waren, weil sie auf übertriebene oder falsche Weise trainierten.

Auf jeden Fall brachte die Trimm-dich-Bewegung frischen Wind in die Freizeit. Viele, die sich bisher nur müde auf der Terrasse gesonnt und nur ab und zu einen Handschlag in ihrem Garten getan hatten, begannen wieder damit, ihren Körper zu üben. Sie wollten damit dem täglichen Streß begegnen, der besonders diejenigen hart trifft, die eine sitzende oder stehende Tätigkeit ausüben müssen und wenig Gelegenheit haben, sich zu bewegen.

Das ist erfreulich. Doch irrt sich, wer glaubt, daß nun die Krankheiten abgenommen hätten. Die Statistik beweist vielmehr, daß die Gesundheit nicht zugenommen hat. Die Krankenversicherungen, die Ärzte, die Krankenhäuser wissen davon ein Lied zu singen.

Betrachten wir die Trimm-dich-Bewegung als einen langjährigen Test, um festzustellen, was man durch körperliches Training erreichen kann. Das Ergebnis lautet, daß körperliches Training allein offensichtlich nicht ausreicht, um die Gefahren abzuwenden, die unsere Gesundheit bedrohen. Einmal sind die Ursachen für unsere Krankheiten zu vielschichtig, betreffen nicht nur den Körper, und außerdem – und darauf kommt es mir vor allem an – kommt unserer Seele eine größere Bedeutung zu, als die meisten Menschen annehmen.

Zwar wissen wir heute, daß mindestens fünfzig Prozent – nach Ansicht der Mehrheit der Psychotherapeuten und Ärzte der psychosomatischen Schule sogar mehr als siebzig Prozent – aller Erkrankungen seelisch bedingt sind oder mit der Seele zu tun haben, doch nur wenige Menschen sind bereit, aus dieser Tatsache Konsequenzen zu ziehen. Sie machen sich nicht klar, welche Anforderungen unsere Leistungsgesellschaft an jeden von uns stellt und welche Schäden sie hervorruft. Nur wenige haben wirklich begriffen, wie intensiv sie die Psyche beeinflußt, also die Instanz im Biosystem des Menschen, die unsere Empfindungen »produziert« und Auskunft über unser Seelen- und Gefühlsleben gibt.

Ein Beispiel mag illustrieren, welchen zunehmenden Belastungen unsere Psyche ständig ausgesetzt ist. Wenn unsere Großeltern die Zeitung aufschlugen, so fanden sie darin auch die neuesten Berichte über Naturkatastrophen und Kriminalfälle. Unsere Eltern waren schon einer wesentlich größeren Flut negativer Nachrichten ausgesetzt. Die Verkehrsunfälle durch Auto oder Flugzeug waren hinzugekommen. Außerdem hatte sich die Informationsflut verstärkt, denn Rundfunk und Kino waren hinzugetreten. Heute haben wir an jedem Tag mehrfach die Gelegenheit, die schrecklichsten Katastrophen- und Unglücksfälle im Fernsehen in Farbe zu sehen.

Außerdem müssen wir erleben, wie sich der Fortschritt der Technik in einigen Fällen gegen uns kehrt, so, wenn zum Beispiel Atomreaktoren außer Kontrolle geraten, die Meere verdrecken, Tiere um ihren Lebensraum gebracht werden und die Wälder absterben. Es ist naiv anzunehmen, daß diese Nachrichten, die täglich auf uns herabrieseln, keinen Einfluß auf unsere Seele haben. Da nützt auch das dickste Fell nichts! Wir müssen uns vielmehr fragen, was wir dagegen tun können. Und da es auch naiv wäre zu glauben, daß die äußeren Umstände schnell zu ändern wären, heißt die Frage konkret: *Was kann jeder einzelne für sich tun, um seine Psyche vor Schaden zu bewahren?*

Zuerst werfen wir einen Blick darauf, was die herkömmliche Medizin für uns tun kann. Leider bekämpft sie nach wie vor die psychosomatischen (seelisch-körperlichen) Erkrankungen fast ausschließlich mit chemischen Mitteln. Sie behandelt weiterhin die Symptome und beachtet im allgemeinen die wirklichen Ursachen der typischen Erkrankungen unserer Zeit noch zuwenig. Auch der Staat und die Krankenversicherungen wissen offensichtlich nicht so recht, wie sie mit der Vielzahl der psychosomatischen Erkrankungen fertig werden sollen. Sie erwischen bestenfalls einen Zipfel der eigentlichen Ursachen, obwohl sie gerne – schon aus Kostengründen – den Herd allen Übels auskehren würden.

Neuerdings haben wir ein Umweltbewußtsein entwickelt. Das ist an sich sehr lobenswert, aber leider haben wir nicht parallel dazu ein *Innenweltbewußtsein* gepflegt. Ganz im Gegenteil, die meisten Menschen sind nach wie vor einseitig materialistisch orientiert. Vornan steht meistens die Frage, wieviel Geld man bekommt, welches Auto man fährt usw. Erst später, wenn überhaupt, wird gefragt, was wir mit dem Geld, unserem Auto, der Freizeit und all unseren weiteren schönen Möglichkeiten machen können. Diese Oberflächlichkeit sitzt in uns fest wie ein Zementklotz. Sie ist das stärkste Glied in der Kette, wenn wir uns nach den Ursachen fragen, warum wir uns heute in so vielen inneren Schwierigkeiten, Konflikten und Nöten befinden.

Wer sich in erster Linie für materielle Werte interessiert, für gutes Essen und Trinken, für schöne Kleider und schicke Autos, der weiß vielleicht nicht mehr viel von seiner Seele, aber sie besitzt ihn trotzdem. Auch wer sich in den schönsten Zerstreuungen dieser Welt verlieren wollte, kann nicht verhindern, daß seine Seele weiterhin Anspruch auf das erhebt, was ihr gehört, nämlich auf Werte wie menschliche Wärme, Geborgenheit, Zärtlichkeit und Liebe – aber auch auf Urbedürfnisse eines jeden Menschen wie die nach individueller Freiheit, Selbstverwirklichung und menschlicher Würde.

Gleichgültig, ob wir aus eigenem Entschluß auf diese psychischen Anrechte verzichten oder ob sie uns willkürlich vorenthalten werden: *Die Seele ist das empfindlichste Instrument, das wir in uns tragen, und sie wird auf all diese Zumutungen reagieren.*

Die Folgen sind allgemein bekannt: Wer im Wohlstand lebt, lebt keineswegs so angenehm, wie man meinen möchte. Oft wird er von einer unerklärlichen Unzufriedenheit gepackt. Obwohl es ihm gut geht, ja kaum besser gehen könnte, fühlt er sich innerlich leer. Aggressionen und Depressionen aller Schattierungen machen sich in ihm breit. Nach den Statistiken der Krankenkassen ist bereits jeder dritte Deutsche mindestens einmal in seinem Leben wegen schwerer psychischer Störungen in psychologischer oder psychotherapeutischer Behandlung gewesen.

Ein psychisch kranker Mensch neigt zu Handlungen, die wir als *Fehlverhalten* etikettieren. Zu Unrecht, denn sein Verhalten zeigt nur seinen wirklichen Zustand an. Wenn ein Tier herausgefordert wird, dann versucht es zu flüchten oder anzugreifen. Wenn ein Mensch in die Enge getrieben wird, dann veranlaßt seine Seele ihn, ungehemmt draufloszugehen oder zu fliehen – in die Verweigerung, Resignation oder Zerstörung.

Wenn die Tendenzen anhalten, die wir derzeit um uns herum beobachten können, dann müssen wir uns darauf gefaßt machen, daß in den vor uns liegenden Jahren gefährliche psychische Reaktionen zunehmen werden. Es ist daher dringend geboten, daß jeder sich das Rüstzeug aneignet, um dagegen gewappnet zu sein, in den Sog einer solchen Entwicklung hineingezogen zu werden.

Der Aufruf zur körperlichen Ertüchtigung zog erfreulicherweise eine allgemeine Mobilmachung nach sich und hatte konkrete Folgen. Es stellt sich die Frage, ob ein Aufruf, etwas für die seelische Ausgeglichenheit zu tun, einen ähnlichen Erfolg hätte. Zumindest besteht die Gefahr, daß ein solcher Appell ungehört verhallte. So müssen wir fürs erste subtiler und leiser für die Anliegen der Seele werben: zum Beispiel in Form dieses Buches, über dessen Inhalt nachzudenken ich Sie bitte.

Warum hat es die Seele heute so schwer? Offensichtlich hat unsere Gesellschaft zur Seele ein ebenso gestörtes Verhältnis wie unsere Vorfahren im neunzehnten Jahrhundert zum Sex. Der Unterschied besteht nur darin, daß damals eine einzige Taste der Klaviatur der Psyche klemmte, wogegen heute die gesamte Tastatur klemmt.

Das spricht Bände, daß die derzeit gültigen gesellschaftlichen Spielregeln einem Erwachsenen nur in Ausnahmefällen gestatten, seine Gefühle zu zeigen. Jeder gebildete Mensch lernt von klein auf, seelische Regungen in der Öffentlichkeit zurückzuhalten, als handle es sich um Blähungen. Jedem ist sonnenklar, daß bei vielen Gelegenheiten – etwa im amtlichen oder geschäftlichen Schriftverkehr – auch das kleinste Tüpfelchen Menschlichkeit unangebracht, ja ein Verstoß gegen den guten Ton wäre.

So verkehren Computer miteinander! Wir verachten zwar die Gaukler und Blender, die uns etwas vormachen wollen, sind aber selbst auch Spezialisten der Maske, damit wir bloß nicht zeigen müssen, was in Wirklichkeit in uns vorgeht. *Ja, Seele zu zeigen ist heute schlimmer als Nacktheit vor hundert Jahren!*

Es entbehrt daher nicht der Logik, daß die Gesellschaft, die das Auto ihr »liebstes Kind« nennt, mit diesem ihrem liebsten Kind mehr ihrer leiblichen Kinder umbringt, als auf jede andere Weise zu Tode kommen. Und es entbehrt auch nicht der Logik, daß für eine Gesellschaft, die sich so herzlos gebärdet, das Innenleben eines Menschen kaum mehr zählt als das Innenleben eines Autos. So vergleicht man ja auch das Herz mit einem Motor. Armes Herz!

Das alles wäre nicht der Rede wert, wäre die Seele so bedeutungslos, wie viele glauben. Aber jeder Mensch weiß oder ahnt zumindest, daß die Wirklichkeit anders aussieht: *Ohne unser Gefühl und Gemüt wären wir Roboter aus Fleisch und Blut, bar jeder Menschlichkeit und Kultur.*

In Wahrheit kommt der Seele keine geringere Bedeutung zu als dem Körper oder dem Geist. Ohne Psyche wären wir bestenfalls intelligente Maschinen. Erst sie gibt dem Leben Sinn und Wert. Wer monatelang krank darnieder liegt, muß erst wieder das Laufen lernen wie ein Kind. Muskeln, Herz und Kreislauf wollen fortwährend trainiert sein, anderenfalls erkranken wir. Wird der Körper zu lange ruhiggestellt oder einseitig überlastet, treten Schäden auf. Genau dasselbe gilt für die Psyche. Ihr Befinden entscheidet über unsere Gesundheit, Leistungsfähigkeit und Kraft mit.

Die Jugend auf der Suche nach einem besseren Weg

Die Unterdrückung der Psyche spüren am ehesten die Kinder, wenn sie im Laufe ihres Werdens nach und nach lernen müssen, sich den Erwachsenen anzupassen und ebenfalls ihre Gefühle zu verleugnen. Wer diesen Weg nicht mitgeht, dem bleibt nur auf der einen Seite der Weg in die Aggression: Er wird schlimmstenfalls Terrorist. Auf der anderen Seite führt der Weg in die Verweigerung der Leistungsgesellschaft: Der junge Mensch kann sich zum Beispiel der Alternativbewegung anschließen – ob nun als Hippie oder Bhagwan-Jünger, wie auch immer: er steigt aus.

Wir mögen darüber den Kopf schütteln, aber wir dürfen nicht vergessen: Diese Jugendlichen sind nicht irgendwelche Monster, sondern unsere Kinder, Produkte dieser Gesellschaft. Jede Gesellschaft hat die Jugendlichen, die sie verdient. Niemand kann erwarten, daß junge Leute, die in diese Welt hineinwachsen, gut finden, was wir selber nicht gut finden und was unsere Vorfahren und wir ihnen, wenn auch ungewollt, im Laufe der Zeit verbaut haben.

Der Protest der Jugend gegen eine Welt, die sie nicht als lebenswert empfand, setzte genau in dem Moment ein, in dem die barocke Hofetikette erstarrte und die Industrialisierung begann. Das war vor gut zweihundert Jahren. Die Uhr und das Metermaß traten die Herrschaft an. Die Welt wurde dem Verstand und der Ökonomie unterworfen.

Der erste Akt gegen diese neuen Tyrannen wurde im Jahre 1774 von einem Deutschen eröffnet, von dem berühmtesten Dichter unserer Nation, JOHANN WOLFGANG VON GOETHE, der damals *Die Leiden des jungen Werther* herausbrachte. Das schmale Büchlein begründete seinen Weltruhm. Überall wurden die jungen Menschen vom Werther-Fieber ergriffen. Gefühl war *in*, Herz war gefragt. Die Erzählung war ein vehementer Protest gegen erstarrte sinnleere Sitten und den bloßen Verstand. Man kleidete sich wie Werther in gelbe Westen und blaue Jacketts, und man beging schlimmstenfalls wie Werther Selbstmord. Die Zeit hieß dementsprechend in Deutschland auch *Sturm und Drang*.

Wenige Jahre später, 1782, erschien das Dokument, das trotz vieler Schwächen bis heute für die Ergründung der Psyche maßgebend geblieben ist: die *Bekenntnisse* des französischen Philosophen JEAN-JACQUES ROUSSEAU. In dieser Autobiographie stehen Sätze wie zum Beispiel: »Ich beginne ein Unternehmen, das ohne Beispiel ist und das niemand nachahmen wird. Ich will meinesgleichen einen Menschen in der ganzen Naturwahrheit zeigen, und dieser Mensch werde ich sein, ich allein.« Oder: »Ich habe das Gute und das Böse mit dem gleichen Freimut erzählt. Ich habe nichts Schlimmes verschwiegen, nichts Gutes zugesetzt.«

Das klingt ein bißchen eingebildet, ist es auch, aber die Schrift war wie eine Fanfare, und der Ton ist bis heute nicht verklungen. Vom Gefühlsleben jedes einzelnen soll die Rede sein. Freiheit und Würde gibt es für den Menschen nur dann, wenn er seine Gefühle auch zeigen darf.

Kurz darauf, im Jahre 1789, bricht die Französische Revolution aus. Alle Werte werden auf den Kopf gestellt. Im Gefolge dieses Umsturzes entsteht in Deutschland die nächste Jugendbewegung, die *Romantik*, die sich über ganz Europa ausbreitet und in verschiedenen Wellen, so scheint es, bis heute anhält. Den Romantikern ist bereits die Veränderung der Natur durch die Industrialisierung und der Seele durch den Geist des Rechnens und des Zählens vollkommen bewußt. In der neuen Bewegung spielen zum erstenmal Frauen eine führende emanzipierte Rolle, und sexuelle Wünsche werden offen ausgesprochen und ausgelebt.

In dieser Zeit werden zum erstenmal auch die Folgen einer ungehemmten Gefühlskultur deutlich, die genauso schwerwiegend sein können wie eine zu große Kopflastigkeit. Im Zuge der Französischen Revolution und der Romantik entwickelt sich nämlich auch zum erstenmal das Nationalgefühl. Die Folgen davon sind uns heute nach zwei Weltkriegen noch in schauriger Erinnerung.

Tatsächlich lassen sich Gefühle, insbesondere Gefühle von Massen, durch geschickte Führer leicht manipulieren. Leider sind daher Jugendbewegungen immer wieder mißbraucht worden, angefangen bei den Burschenschaften in den Befreiungskriegen 1813 bis 1815 bis zu den Kriegsfreiwilligen 1914 und der Hitler-Jugend. Die Seele will nicht nur entwickelt werden, sie muß auch lernen, in welcher Weise sie sich einsetzen kann.

Die eigentliche deutsche Jugendbewegung im engeren Sinne nannte sich *Wandervogel* und entstand im Jahre 1897 an einem Berliner Gymnasium. Berlin war im neunzehnten Jahrhundert rasant gewachsen, eine der größten Industriemetropolen überhaupt, und beherbergte die schrecklichsten und berüchtigsten Mietkasernen der Welt. Die Schüler zogen aus Protest gegen diese Umgebung in die freie Natur hinaus und erwanderten Deutschland und die umliegenden Länder. Zuerst waren es nur Jungen, die abends am Lagerfeuer zur Klampfe ihre Lieder sangen. Später kamen auch die Mädchen dazu. Man floh die Großstadt und die Technik, man wollte in der Natur wieder Mensch werden. HITLER löste den »Wandervogel« auf.

Die Jugendbewegungen nach dem Zweiten Weltkrieg sind uns noch in bester Erinnerung, ob Apo oder Hippies oder wer auch immer. Wir müssen hier nicht im einzelnen auf sie eingehen. Gemeinsam ist allen diesen Bewegungen, daß sie gescheitert sind. Doch wäre es falsch anzunehmen, daß sie keine Folgen gehabt hätten. Im Gegenteil: *Sie alle haben unser Lebensgefühl entscheidend verändert,* wie sich im einzelnen nachweisen ließe. Sie alle haben uns darauf aufmerksam gemacht, daß mit unserer Welt irgend etwas nicht stimmt, und haben uns neue Zugänge zu verschütteten Bereichen der Psyche eröffnet.

Wie außen so innen

Endzeitstimmung hat sich ausgebreitet. Wir scheinen einer militärischen oder ökologischen Katastrophe zuzusteuern. Die Jahrtausendwende naht. Am Ende des ersten Jahrtausends glaubte man auch, die Welt werde untergehen. Aber seinerzeit erwartete man das Gericht Gottes, während wir heute die Folgen unserer eigenen Unvernunft kommen sehen.

Auf einer verwüsteten Erde ist der Mensch verloren. Aber wer hat die Erde verwüstet? Nur der kranke Mensch verwüstet *seine* Erde.

Eine kranke Erde voll gesunder Menschen? Jeder weiß, daß diese Gleichung nicht stimmen kann. Richtig muß es vielmehr heißen: *Eine kranke Erde voll kranker und verzweifelter Menschen!*

Doch jeder einzelne von uns hat – unabhängig von seinen äußeren Lebensumständen – die Möglichkeit, sich seine seelische Gesundheit und Ausgeglichenheit zu bewahren, allen Anfechtungen zum Trotz, wenn er sich wirksame Methoden der Selbsthilfe aneignet. Es steht ihm frei, trotz der unheilvollen äußeren Entwicklungen Fortschritte zu machen, um seine psychische Gesundheit zu stabilisieren. *Niemand hat das Recht, sich darüber aufzuregen, daß unsere Gesellschaft so langsam und so schwerfällig umdenkt, bevor er nicht selber für sich persönlich etwas getan hat.*

Eine grundlegende persönliche Erneuerung ist möglich! Wenn es in Zeiten des Wohlstands möglich ist, daß die psychische Lebensqualität absinkt, so ist es auch möglich, seine individuellen seelischen Qualitäten durch ein systematisches Training anzuheben. *Wie man denkt, so fühlt man sich, und wie man sich fühlt, so lebt man.*

Eine Legende berichtet, daß MARTIN LUTHER, der deutsche Reformator, Übersetzer der *Bibel* und Begründer der deutschen Hochsprache, einmal gefragt wurde, was er denn machen werde, wenn er erführe, daß morgen die Welt unterginge. Darauf soll er geantwortet haben, er werde einen neuen Baum pflanzen. Dieses Bewußtsein, diese positive Einstellung gegenüber dem Leben und der Welt soll durch dieses Buch in Ihnen geweckt werden. Auch Luther lebte in einer Zeit des Umbruchs und der Zerstörung. Seine seelische Kraft war jedoch groß genug, den Gefährdungen standzuhalten.

Unsere psychische Innenwelt entspricht unserer Umwelt. Hinter dem Schlagwort *Umweltbewußtsein* verbirgt sich eine der bedeutsamsten und hoffnungsvollsten Bewußtseinserweiterungen unserer Zeit. Doch genauso wie wir lernen, die Zerstörung unserer Umwelt kritisch zu beobachten, müssen wir auch lernen, genau zu sehen, was mit unserer Innenwelt passiert. ***Unsere bedrohte Umwelt und unsere gefährdete Innenwelt bilden gemeinsam einen Problemkreis, einen Teufelskreis wechselseitiger Abhängigkeit.***

Unsere Umwelt ist deswegen nicht in Ordnung, weil unser Sinnen und Streben nicht in Ordnung ist, und die gestörte Umwelt stört ihrerseits wiederum unsere Innenwelt. Etwas überspitzt kann man behaupten, daß die Verschmutzung der Umwelt das Spiegelbild einer verschmutzten Innenwelt ist und daß die Verpestung unserer Atmosphäre dem üblen Zustand unseres Seelenlebens entspricht. Das Unmenschliche an der Umwelt geht zurück auf den Verlust am Menschlichen im Menschen. Wenn die Wissenschaftler davon sprechen, daß die Atmosphäre oder die Meere umkippen können, dann bedeutet das auch, daß die Gesundheit des Menschen umkippen kann.

Die Schädigungen, die wir der Umwelt zugefügt haben, sind zweifellos das bemerkenswerteste und folgenschwerste Werk, das der Mensch vollbrachte, als er sich die Natur unterwarf. Aber die meisten von uns tun weiterhin so, als sei das alles gar nicht wahr und als könnten unsere Kinder und Kindeskinder in einer freundlichen, friedlichen Zukunft leben. In Wirklichkeit kann man Schäden, die wir Menschen angerichtet haben, heute sowohl auf dem höchsten Gipfel des Himalaja messen wie in den tiefsten Tiefen der Weltmeere.

Die Ironie der Geschichte aber ist, daß wir, die Giftmischer, dabei sind, selbst Opfer unseres Tuns zu werden. Denn *wir sind ja selbst Teil der Natur, Teil des lebendigen Ganzen, von ihm abhängig und mit ihm innig verflochten.*

Umwelt und Innenwelt stehen tatsächlich in einem so engen Verhältnis zueinander, daß ein willkürlich veränderter Rhythmus in der Umwelt zum Beispiel eine Veränderung unseres Herzrhythmus nach sich ziehen kann, eine Schädigung äußerer Kreisläufe zieht eine Schädigung des körpereigenen Kreislaufes nach sich.

Dafür ein paar einfache Beispiele: Viele Menschen brauchen Tage, um sich daran zu gewöhnen, wenn die Uhr im Frühjahr oder im Herbst um eine Stunde vor- oder zurückgestellt wird. Fast alle Menschen leiden extrem unter den Zeitverschiebungen, die sich ergeben, wenn man im Flugzeug schnell um die halbe Welt reist. Andere wiederum vertragen das Tropenklima nicht: Der Körper ist nicht in der Lage, sich schnell oder überhaupt auf die feuchte Hitze einzustellen.

In früheren Jahrhunderten starben viele Menschen an Bleivergiftung, weil man von der Giftigkeit des Bleis nichts wußte und es zum Beispiel zur Herstellung von Geschirr verwandte. Heute sterben bereits viele Menschen an den Giften – in Arzneimitteln, Insektenvernichtungsmitteln, radioaktivem Material usw. –, die wir selber bewußt ausgestreut haben.

Hier soll nicht einer Technikfeindlichkeit das Wort geredet werden. Aber wir müssen der Technik neue Ziele und Grenzen setzen. Zwar haben die Fortschritte von Wissenschaft und Technik unser Leben in vielfältiger Weise erleichtert, aber sie haben, wie wir in den letzten Jahren erkennen mußten, auch oft zu sehr fragwürdigen Ergebnissen geführt. Unter diesen Umständen müssen wir entscheiden, was uns wichtiger ist: eine weitere Verbesserung unseres materiellen Lebensstandards oder die Rettung unseres Planeten Erde mit all seinen Schönheiten und seiner einmaligen, unerschöpflichen Fülle für unsere Kinder.

Wenn wir so weitermachen wie bisher, dann werden wir bald nicht mehr behaupten können, daß der Fortschritt der Technik die Lebensbedingungen der Menschen verbessert habe. Böse Zungen behaupten schon heute, daß unser unmittelbarer Lebensraum in Mitteleuropa besser auf das Auto zugeschnitten sei als auf seine menschlichen Bewohner: *Wenn Autos glücklich sein könnten, so würden sie es bei uns sein.*

Unsere Seele hingegen hat es schwerer und schwerer, sich in der Widernatur, die wir in einem Anfall von Anmaßung hervorgebracht haben, noch wohl und geborgen zu fühlen.

Die Grenzen unserer Anpassungsfähigkeit

Die Natur leidet unter den Menschen. In der *Schöpfungsgeschichte* lesen wir (1. Mose 1, 28):

»Und Gott segnete sie [Adam und Eva] und sprach zu ihnen: ›Seid fruchtbar und mehret euch und füllet die Erde und machet sie euch untertan und herrschet über die Fische im Meer und über die Vögel unter dem Himmel und über alles Getier, das auf Erden kriecht.‹ «

Diese biblische Weisung ist offensichtlich von uns mißverstanden worden. Es kann nicht ihr Sinn gewesen sein, uns jede Willkür gegenüber der Erde und ihren Geschöpfen zu gestatten. Die Natur ist uns zu treuen Händen überantwortet worden, nicht mehr, aber auch nicht weniger. Wenn die Natur leidet, so stoßen auch wir bald an Grenzen, denn unsere menschliche Natur leidet mit.

Was wir der Natur antun, das tun wir uns selbst an. Mitleidlosigkeit mit der Natur setzt sich früher oder später in Leid um, das uns trifft.

In der Tat: Die Ursache vieler psychosomatischer Erkrankungen liegt darin, daß wir unsere menschliche Natur zwingen, sich neuen, allzu naturfernen Gegebenheiten anzupassen oder auch völlig zu unterwerfen. Zwar ist der Mensch ein sehr anpassungsfähiges Wesen, doch dieser Anpassungsfähigkeit sind Grenzen gesetzt, die wir auf Dauer nicht ungestraft überschreiten können.

Diese Grenzen erkennen wir vielleicht etwas besser, wenn wir einen Blick zurück in die Menschheitsgeschichte tun. Unsere Vorfahren vor vielen tausend Jahren waren Jäger und Sammler. Sie streiften durch die Wildnis, um Beutetiere zu jagen und Früchte zu sammeln. Sie lebten in primitiven Behausungen, zum Beispiel in Höhlen oder unter Dächern aus Zweigen und Blättern. Diese Stätten konnten sie bei Bedarf jederzeit verlassen und anderswo neu beziehen. Sie waren in einer viel unmittelbareren Weise Teil der Natur als wir und der Natur viel unmittelbarer ausgesetzt.

All ihre Sinne waren darauf gerichtet, unter diesen für uns kaum noch vorstellbaren Umständen Tag für Tag zu überleben. Sie waren im Laufe von Millionen von Jahren daraufhin ausgerichtet worden, im Notfall blitzschnell reagieren zu können, entweder zu fliehen oder anzugreifen.

Innerhalb von maximal drei- bis viertausend Jahren ist nun aus diesem Jäger und Sammler zuerst ein Bauer, dann ein Städter und schließlich der Wohlstandsbürger unserer Tage geworden. In diesem Zeitraum sehen wir das, was wir unter dem Begriff Kultur zusammenfassen. Wichtig in unserem Zusammenhang ist zu wissen, daß sich das menschliche Nervensystem in dieser kurzen Zeit nicht auf die neuen Umstände umstellen konnte. Es hat ihm einfach an Zeit dafür gefehlt.

Änderungen der menschlichen Natur benötigen Tausende von Jahren und sind nicht von heute auf morgen zu erreichen. An dieser Tatsache sind bisher auch zum Beispiel alle Träume, einen sozialdenkenden Machthaber zu konstruieren, zerschellt.

Körper, Seele und Geist des Menschen sind im Laufe von Millionen von Jahren an die Natur angepaßt und *lassen sich nicht so schnell auf die vom menschlichen Intellekt ersonnene neue technische Umwelt einstellen.* Wir sind dem, was wir in einem Anfall von hybrider Anmaßung geschaffen haben, selbst nicht gewachsen. Wenn wir trotzdem erwarten, daß sich unsere Natur schnell auf die technische Umwelt einstellen wird, dann erwarten wir ein Wunder, das nicht eintreten wird.

Wenn wir diese Voraussetzungen der menschlichen Natur erkannt haben, dann haben wir auch eine wesentliche Quelle psychosomatischer Störungen gefunden. Die Psychosomatik ist die Lehre von der lebendigen Einheit von Körper, Seele und Geist.

Aus diesem geschichtlichen Rückblick erfahren wir, daß der Mensch Teil der Natur ist. Es ist nicht möglich, ihn aus seiner jeweiligen Umwelt, wie auch immer sie beschaffen ist, herauszulösen, ihn unabhängig von ihr zu betrachten oder ihn über seine Umwelt zu erheben.

Auch mit dem Himmelskörper, der uns trägt und der sich um die Sonne dreht, die wiederum Teil eines weiteren Sternensystems des Universums ist, haben wir mehr gemein, als wir im Trott des Alltags merken oder wahrhaben wollen. Unser beziehungsvolles Verhältnis beginnt mit der Tatsache, daß wir aus den gleichen Substanzen und Mineralien aufgebaut sind wie die Erde und daß wir von den gleichen Elementen belebt werden. *Wir sind Erde, Wasser, Luft und Feuer!*

Noch nachdenklicher aber sollte uns der Umstand machen, daß wir gezwungen sind, regelmäßig von den Grundstoffen der Erde etwas in uns aufzunehmen, ihr Wasser, ihre Luft, ihre Produkte. Wir sind von der Wärme, die uns die Sonne spendet, abhängig. Neuerdings behaupten sogar ernstzunehmende Naturwissenschaftler, ursprünglich sei das erste Leben gar nicht auf unserer Erde entstanden, sondern aus dem Weltraum auf die Erde getragen worden.

Das Gleichgewicht der Kräfte

Unsere Umwelt bleibt nicht außerhalb von uns. Sie geht durch uns hindurch, sie durchflutet uns, weckt in uns Bedürfnisse und schenkt uns die Kraft zum Leben. Und damit wir etwas davon spüren, haben wir Augen zu sehen, Ohren zu hören und außerdem den Geruchssinn, den Geschmackssinn und den Tastsinn. Wir beherbergen außerordentlich komplizierte Empfangsorgane, damit wir die

Welt in Form von Bildern, Tönen, Düften usw. wahrnehmen können.

Mit anderen Worten: *Wir sind gegenüber unserer Umwelt vollkommen offen – so offen und so verletzlich!*

Wir nennen das, was uns so verwundbar und störanfällig macht, das Vegetativum. Darunter verstehen wir das Steuerungs- und Reizleitungssystem, das zwischen Körper, Seele und Geist vermittelt und Psyche und Soma, das Geistig-Seelische und den Körper, zur psychosomatischen Einheit verbindet.

Wenn unsere Sinne Eindrücke, die sie empfangen haben, unmittelbar an das Gehirn weiterleiten, so sehen wir nicht nur Bilder, hören wir nicht nur Töne usw. Diese Sinneseindrücke werden über das vegetative Nervensystem auch zu der Instanz geleitet, die wir Psyche oder Seele nennen und wo die Eindrücke gefühlsmäßig beurteilt werden. Ein gewaltiges vegetatives Netz, an das jede einzelne Zelle in uns angeschlossen ist, veranlaßt, daß jedes gesehene Bild, jeder gehörte Ton auch zum empfundenen Bild, zum empfundenen Ton wird. Diese gefühlsmäßigen Erregungen werden über das gleiche vegetative Reizleitungssystem in den Teil unseres Gehirns zurückgemeldet, wo wir denken und urteilen.

Zum »Ich sehe ...« des Großhirns fügt das vegetative System sein »Ich empfinde ...« hinzu. Erst durch dieses Zusammenspiel wird es einem jeden von uns möglich, seine Eindrücke in persönlicher Weise subjektiv zu erleben, zu bewerten und zu verarbeiten.

Heute lernt jeder Schüler im Biologieunterricht, daß das vegetative Nervensystem aus einem antreibenden und einem bremsenden Prinzip, dem Sympathikus und dem

Parasympathikus, besteht. Während der Sympathikus anregt, beschleunigt und aktiviert, obliegt es seinem Gegenspieler, für Erholungsphasen zu sorgen, zu dämpfen, zu verlangsamen und zu entspannen.

Das ausgewogene Kräftespiel dieser antagonistischen (einander ausgleichenden) Systemhälften gewährleistet in Kooperation mit den innersekretorischen Drüsen, daß alle Organe harmonisch funktionieren. *Gesundheit und Wohlbefinden sind ohne ein stabiles und ausgeglichenes vegetatives Nervensystem nicht möglich.* Ein ausbalanciertes Vegetativum muß vorausgesetzt werden, wenn die Widerstandskraft gegen Krankheiten ausreichen soll.

Wer seine innere Harmonie stört oder stören läßt, darf sich daher nicht wundern, wenn er häufig nicht auf dem Damm ist oder wenn Krankheiten bei ihm einen chronischen Verlauf nehmen. Chronisch heißt in der Regel, daß die körpereigene Abwehr auf Dauer nicht ausreicht, sich gegen krankmachende Einwirkungen durchzusetzen.

Die Hektik und der Streß unserer Zeit haben es mit sich gebracht, daß bei den meisten Menschen unserer industriellen Leistungsgesellschaft der Sympathikus, der Leistungs- und »Tagnerv«, über Gebühr gereizt wird. Wir reagieren auf Schlagzeilen, Geräusche, Werbung usw. noch so, als ob wir einen Hirsch jagen oder vor einem Bären flüchten müßten. In Wirklichkeit sitzen wir vielleicht bequem zu Hause im Ohrensessel mit Pantoffeln an den Füßen und lesen im wohlgeheizten Raum, während gleichzeitig das Radio dröhnt und Kaffee und Gebäck konsumiert werden, die Zeitung. Natürlich wird so bei vielen Menschen der sympathische Teil des vegetativen Steuerungssystems überlastet. Ist das dauerhaft der Fall, so werden an schwachangelegten oder bereits vorgeschädigten Organen funktionelle Störungen hervorgerufen.

Das *Managersyndrom*, die nervlich bedingte Hypertonie (Bluthochdruck und Muskelspannung durch Übererregung und Überfunktion), beschränkt sich schon lange nicht mehr auf leitende Angestellte. Herz- und Kreislaufversagen nehmen unter den Todesursachen in der Bundesrepublik Deutschland seit Jahren den ersten Platz ein. Sie nahmen in einem einzigen Jahrzehnt um etwa zweihundert Prozent zu! Der Herzinfarkt, der am Anfang unseres Jahrhunderts noch recht selten war, grassiert heute heftiger als die verheerendsten Epidemien des Mittelalters.

Wir müßten, wollten wir gesund bleiben, auf das Tempo und die Hektik unserer Zeit gelassen und entspannt reagieren. Diese Haltung muß sich jeder einzelne von uns mühsam in einem langen Lernprozeß erwerben, damit die schädlichen Einflüsse der Umwelt sich nicht negativ auf seine Innenwelt auswirken und die Abläufe seiner Lebensfunktionen stören.

Wenn es jemandem nicht gelingt, sich gegen diese schädlichen Einflüsse abzuschirmen, so erwirbt er sich eine *vegetative Dystonie.* So wird die auf das vegetative Nervensystem übertragene Unruhe und Labilität bündig umschrieben, denn unter Dystonie versteht man eine Störung des normalen Spannungshaushaltes.

Es ist in diesem Zusammenhang vielleicht nicht uninteressant zu erfahren, daß der Begriff Anfang der fünfziger Jahre in Mode kam, als in der Bundesrepublik Deutschland das sogenannte Wirtschaftswunder einsetzte. Zu dieser Zeit konnte man sich allerdings noch nicht erklären, worin die Ursachen der vegetativen Dystonie zu sehen sein sollten.

Wenn der innere Haushalt erst einmal gestört ist, dann kann sich ein Teufelskreis entwickeln, der sich sozusagen aus sich selbst heraus ernährt. Anregungen dafür können aus den verschiedensten Quellen bezogen werden, so zum Beispiel aus übertriebenem Geltungsbedürfnis, Karrieresucht, übertriebener Ich-Bezogenheit, grundlosen Sorgen und Ängsten, entnervendem Grübeln, Haß und Neid, Streitsucht, Ordnungswut usw. Aus solchen Geistes- und Gefühlshaltungen entstehen erfahrungsgemäß immer größere Komplikationen, Aufregungen, Ärgernisse, Spannungen und Konflikte, die all die bereits aus externen Gründen vorhandenen Belastungen unseres vegetativen Nervensystems noch erhöhen. Negatives Denken erzeugt negative Gefühle, die genauso wie die Reize der Außenwelt den Organismus unangenehm und in schädigender Weise erregen.

Natürlich könnten sich auch äußere und innere Faktoren, die psychosomatische Störungen auslösen, in den verschiedensten Formen überlagern. So fühlen sich zum Beispiel viele Menschen infolge des äußeren sozialen Drucks dazu gezwungen, *seelische Überforderungen, Ängste und andere innere Nöte zu unterdrücken und auf ihren Körper umzuleiten.*

Da man nicht gerne über psychische Beschwerden spricht und diese Nöte auch nicht immer anerkannt werden, versprechen die Erkrankten sich zumindest unbewußt mehr davon, wenn sie der Gesellschaft medizinisch anerkannte interessante körperliche Beschwerden vorweisen können. Auf diese Weise verwandeln sich seelische Probleme in funktionelle organische Störungen, die, wenn sie lange genug anhalten, auch zu strukturellen Organschäden, zu echten meßbaren Krankheitsbildern führen können.

»Verkabelungen«

Der »Verkabelung« unserer Seele mit unserem Organismus verdanken wir es, daß wir Gemütsbewegungen sowohl verspüren wie auch zu äußern vermögen. Unser Gefühlsleben ist differenzierter und ausdrucksfähiger als das aller übrigen Lebewesen auf unserer Erde. Nur Menschen sind in der Lage zu lachen. Um Schmerz und Trauer anderen zu verdeutlichen, haben wir die Fähigkeit entwickelt, unsere Tränendrüse zu erhöhter Sekretion anzuregen: wir weinen. Nichts könnte besser einen psychosomatischen Vorgang illustrieren als die meß- und zählbaren Tränen, die ein Gefühl ausdrücken.

Auffällig ist auch eine Eigenart besonders der hellhäutigen Menschen, die, wenn sie sich seelisch erregen, rot werden – natürlich immer dort, wo alle Leute hinschauen: am Gesicht, am Hals und an den Ohren. Aber auch die Magenschleimhaut errötet.

Warum die direkte Leitung zwischen Psyche und Soma einmal höchst zweckmäßig war, zeigt sich in gefahrvollen Situationen, wie sie unsere Jägervorfahren oft erlebten. Wenn im entscheidenden Moment unser geistig-seelisches Beurteilungsvermögen zu dem Schluß kommt, daß Gefahr droht, dann schlägt es beim neurovegetativen-innersekretorischen Steuerungssystem Alarm. Dann jagen sich schlagartig die Adrenalinausschüttung und die Sympathikuserregung gegenseitig hoch, so daß innerhalb kürzester Zeit alle körperlichen Reserven mobilisiert werden.

Kommt hingegen unser geistig-seelisches Beurteilungsvermögen zu dem Schluß, daß die Herausforderung nicht zu bewältigen ist, so kann eine totale geistig-seelische Verweigerung eintreten, ein psychischer Schock, der sich unmittelbar zum Gefäß- und Kreislaufschock ausweitet. Ein solches tiefgreifendes psychosomatisches Ereignis kann das Leben des Betroffenen in größte Gefahr bringen.

Wie jedermann weiß, kann der Schock, der mit einem Autounfall verbunden ist, ausreichen, jemanden zu töten, der physisch überhaupt nicht verletzt ist. Genauso kann eine Schreckensmeldung, die akustisch über den Gehörgang in unser Inneres eindringt, sich körperlich wie ein tödlicher Dolchstoß auswirken.

Aus Ungarn wird der folgende Fall berichtet: Versehentlich wurde ein Arbeiter in einen Kühlwagen gesperrt. Am nächsten Tag fand man ihn erfroren auf. Als man den Unfall untersuchte, stellte man jedoch fest, daß der Mann gar nicht erfroren sein konnte: Das Kühlaggregat war nicht eingeschaltet gewesen. Offensichtlich hatte sich der Arbeiter nur eingebildet, erfrieren zu müssen, und daraufhin war er auch erfroren.

In Deutschland geschah es, daß ein Elektromonteur bei der Reparatur einer Überlandleitung versehentlich an einen Draht stieß. Er war sofort tot. Die Untersuchung ergab jedoch, daß die Leitung wegen der Reparatur abgeschaltet gewesen war. Der Monteur war also nur gestorben, weil er wußte, daß Schläge von Hochspannungsleitungen tödlich sind.

Der Mensch – ein Wunderwerk

Ein weltberühmter Herzspezialist hat einmal behauptet: »Das menschliche Herz ist lediglich eine Pumpe, sonst gar nichts!« Millionen gebildeter Leser nehmen ihm diesen Unsinn tatsächlich ab und verdrängen, was sie in der Schule gelernt haben. Kein anderes Organ in unserem Körper reagiert so intensiv auf seelische Regungen und empfindet so stark mit wie das Herz. Wir glauben, abgeklärt zu sein, wenn wir die Wunder, die die Natur oder Gott an uns vollbracht hat, derart abqualifizieren. In Wirklichkeit sind wir leichtfertig.

Wenn wir nur wollten, könnten wir täglich an uns selbst bewußt ein Wunder erleben. Wir haben allen Grund, dankbar dafür zu sein, daß wir uns um unseren Stoffwechsel ebensowenig zu kümmern brauchen wie um die Funktion unseres Herzmuskels, der in einem durchschnittlichen Menschenleben rund drei Milliarden mal pumpt. Ähnliche hochkomplizierte Prozesse und Kreisläufe wie in jedem von uns vollziehen sich in jeder Sekunde seit Milliarden von Jahren in der ganzen Natur, ohne daß sie auf unseren Intellekt je angewiesen wären. *Wir leben nicht, wir werden gelebt.*

Dieses Schicksal teilen wir mit allen anderen Lebewesen in der Natur. Ohne daß wir bewußt davon Kenntnis nehmen müssen, vollzieht sich dieses unser Gelebtwerden unter der Regie impulsgebender und koordinierender Steuerungsmechanismen in unaufhörlichen Aufbau-, Abbau- und Umwandlungsprozessen, im vollendeten Zusammenspiel eines jeden Teils mit dem Ganzen. Es beatmet uns, es führt Milliarden von Zellen Nährstoffe zu, in denen molekulare Verbindungen auf chemoelektrischem Wege in Energie umgewandelt werden, die wir ständig zum Leben brauchen. Innerhalb eines phantastischen Abwehrsystems bildet es Antikörper und Gegengifte. Es filtert, wägt, tastet ab. Es geht oft um winzige Mengen: Ein tausendstel Gramm Schilddrüsenhormon entscheidet darüber, ob man geistig auf der Höhe ist oder unfähig, logisch zu denken.

Versuchen Sie einmal, sich vorzustellen, daß im Inneren jeder einzelnen Zelle die komplexesten und ausgeklügeltsten Geschehnisse vorprogrammiert und vollautomatisiert ablaufen – Geschehnisse, die alles in den Schatten stellen, was wir bis jetzt auf den Gebieten der Chemie, der Physik und der Biologie vollbracht haben. Versuchen Sie sich vorzustellen, daß in jedem dieser Bausteine des Lebens – vom Durchmesser eines zwanzigtausendstel Millimeters – Erbinformationsbänder von über einem Meter Länge deponiert sind. In ihnen sind Erbreglements gespeichert, die in unserer Schriftsprache mehrere Bände füllen würden. Und das in jedem von uns in jeder Zelle milliardenfach und immer identisch miteinander!

Die unvorstellbare Kraft der Natur zeigt sich auch darin, daß bei einem einzigen menschlichen Zeugungsakt dreihundertfünfzig Millionen Samenfäden ihr Ziel suchen – sechsmal die Einwohnerschaft der Bundesrepublik Deutschland, um eine einzige Menschwerdung abzusichern. Sollte unser unbescheidener Intellekt einmal im Rahmen eines Intelligenztestes die Aufgabe erhalten, die Kopie einer einzigen Zelle zu reproduzieren, so würde er kläglich versagen, derselbe Intellekt, der sich ansonsten aufspielt, als sei er bereits der Schöpfer allen Lebens und könne alles machen.

Wir sind dazu *übergegangen, von »Wundern der Technik« zu sprechen, wollen aber an andere Wunder nicht mehr glauben.* Ist es wirklich ein geringeres Wunder, daß jedes Glühwürmchen seine eigene Lichtquelle besitzt, und das schon ein wenig länger als wir den elektrischen Strom? Ist es wirklich kein größeres Wunder als alle Wunder der Technik zusammengenommen, daß ein im Wasser existierendes Lebewesen sich plötzlich wie ein Zauberkünstler umhüllt, beflügelt zum Vorschein kommt und von diesem Moment an als schillernde Libelle mit einem vollendeten Flugapparat durch die Lüfte tanzt?

Die Realität ist phantastisch, aber für manche Menschen unserer Zeit offensichtlich nichtssagend. In mancher Hinsicht haben unsere so »primitiven« Vorfahren in der Steinzeit von der Natur mehr gewußt als wir. Wunderbar ist auch unser Denkvermögen, auch wenn wir es oft mißbrauchen. Versetzen wir uns auf eine Zelle des Gehirns, so stehen wir, wie auf unserer Erde, auf solider Materie und blicken hinaus in ein von Sternen übersätes Himmelsgewölbe, zu Gestirnen, die sich zu Molekülen, Zellen und Zellgeweben zusammenfügen und in denen sich das vollzieht, was wir denken nennen.

In uns Gestirne, um uns Gestirne. In uns Energien, um uns Energien. Alles ist eine Einheit. *Wir sind Bestandteil einer ins Unendliche reichenden Ordnung.*

Wir sind Teile und Ebenbilder des Universums, Kinder eines unendlichen Reichtums. Aus diesem Überfluß sind wir gekommen – nicht bereicherungsbedürftig, sondern bestens versorgt. Durch ihn werden wir belebt und erhalten. Eines Tages aber sorgt diese Ordnung des Lebens dafür, daß wir wieder vergehen, um etwas neues, nicht mehr und nicht minder Rätselhaftes zu werden.

Aufforderung, nachdenklich zu werden

Wir müssen uns wieder unserer geistig-seelischen und körperlichen Verwandtschaft mit dem Reichtum und der Unendlichkeit der Natur bewußt werden, auch mit dem, was uns in der Natur als gering erscheint.

Wir müssen, wenn wir wieder zu Gott und der Welt, zu uns selbst und unserem gefährdeten Lebenssystem eine neue und bessere Beziehung aufnehmen wollen, nachdenklich werden.

Wir müssen aufhören, alles auf unseren unschlagbaren Intellekt zu setzen, und uns statt dessen Bescheidenheit und Hochachtung vor allem Lebendigen aneignen.

Wir müssen auch endlich aufhören, die Folgen des technischen Fortschritts zu beschönigen, zu entschuldigen und allen möglichen Umständen zuzuschreiben, nur nicht uns selbst.

Wenn wir in dieser Welt auch nur das Geringste zum Besseren verändern wollen, *müssen wir bei uns selbst beginnen.* Verbesserungsbedürftig ist vor allem die geistig-seelische Grundhaltung eines jeden einzelnen von uns. Solange wir weiterhin darüber hinwegsehen, was krankmacht, ja es sogar fördern, haben wir logischerweise auch weiterhin »beste« Chancen, immer neue Krankheitsbilder in die Welt zu setzen.

Um das Jahr 1900 herum gab es in der zivilisierten Welt etwa fünftausend verschiedene Krankheiten. Zu Beginn der achtziger Jahre waren es dreißigtausend, und sie werden, wenn sich die Erwartungen ernstzunehmender Wissenschaftler als richtig erweisen, sich unter den gegebenen Voraussetzungen bis zur Jahrtausendwende noch einmal verdoppeln.

Die neuen, auffallend aggressiven Generationen von Krankheiten könnten, wie einst die mikroskopisch kleinen Seuchenerreger, erfolgreich bekämpft werden durch eine spezifisch seelisch-geistige Hygiene und ein hochwirksames Serum, dessen Konglomerat wir alle zu produzieren vermögen: Vernunft, Einsicht und guter Wille.

Doch bis dahin ist offensichtlich noch ein weiter Weg. Vor achtzig Jahren war der Lungen- und Bronchialkrebs noch kaum bekannt. Heute fallen ihm mehr Menschen zum Opfer als allen Infektionskrankheiten zusammen. Der Nikotingenuß nimmt trotzdem zu.

Es hat unter diesen Umständen keinen Sinn, sich über »die Gesellschaft« zu ärgern. *Jeder von uns muß sich zuerst einmal um seine eigene bessere Einsicht bemühen.*

- Wir müssen uns gegen Gefahren, Überforderungen und groben Unfug von außen und innen absichern.
- Wir müssen dafür sorgen, daß wir von Denkmüll und emotionalem Ballast befreit werden.
- Vor allem aber müssen wir lernen, unser vegetatives System, unser Denken und Fühlen und unser ganzes Verhalten positiv zu beeinflussen.

Positives Denken und positives Fühlen aus Einsicht bilden die Grundlage gesunden Handelns. Sie sind die besten Voraussetzungen, die uns erlauben, eine hoffnungsvolle Zukunft erfolgreich zu gestalten.

KAPITEL 2

Bejahe dein Leben!

Wähle die richtige Einstellung!

Die Lebenserfahrung lehrt, daß nichts auf der Welt nur negativ ist. Dem negativen Pol steht immer ein positiver Pol gegenüber.

»Alles hat seine zwei Seiten«, sagt schon der Volksmund.

Dem Opfer eines Autounfalls, das für Monate an ein Krankenhausbett gefesselt war, schickte ein mitfühlender Freund eine Postkarte, auf der unter anderem zu lesen stand: »Die sagenhafte Tante Emma hätte vermutlich gesagt: Zu irgend etwas wird es schon gut sein.« Tante Emma hat völlig recht.

Ein wichtiges Gesetz, das sich in der Welt offenbart, ist *das Prinzip der Polarität.* Diesseits und jenseits einer neutralen Mitte stehen sich Gegensätze gegenüber, die aber offensichtlich trotzdem zusammengehören. Heiß und kalt, Furcht und Mut, Freud und Leid usw. sind zwar Gegensätze, aber jeder dieser Begriffe bezieht seinen Sinn erst aus dem Gegenteil.

Mag der negative Pol auch noch so deutlich im Vordergrund stehen, der positive ist auch vorhanden, auch wenn er manchmal kaum noch zu spüren ist, weil das Negative überwiegt und im Betroffenen eine entsprechend schlechte Grundstimmung auslöst. Bei näherem Hinsehen und mit ein wenig Geduld wird der positive Pol in irgendeiner vielleicht unerwarteten Form wieder sichtbar, allerdings nur, wenn man selber auch etwas beisteuert. Er verbirgt sich vor jeder Resignation.

Zur Polarität tritt die Zweideutigkeit hinzu. Man kann etwas so oder auch anders beurteilen. Man kann eine Nachricht mit der leichten Erregbarkeit eines Kindes aufnehmen oder mit der Gelassenheit eines lebenserfahrenen Menschen. Rückblickend erkennen wir oft, daß die Zeit aus einem großen Mißgeschick etwas Neues gemacht hat. Der Volksmund hält dafür die Redewendung bereit: »Die Zeit heilt alle Wunden.«

Zeit heißt, daß alles in Fluß ist, daß sich nichts von uns festhalten läßt, daß sich die Schwerpunkte verlagern und sich Schwingungen ergeben, Wellen mit Hochs und Tiefs, mit Gipfelpunkten und Abschwüngen, gefolgt von neuen Wendungen nach oben.

Stillstand bedeutet Tod, Bewegung ist das Kennzeichen des Lebens. Bewegung kann aber auch in negative Zonen führen. Das kann keiner von uns verhindern. Seelische Krisen sind unvermeidbar, normal, Teil unseres menschlichen Lebens, Teil unseres Werdens und Reifens. Doch die meisten Wellentäler sind überwindbar, und gerade aus ihrer Überwindung wächst uns die Kraft zu, optimistisch in die Zukunft zu gehen, denn wer es einmal oder gar des öfteren geschafft hat, weiß, daß er es wieder schaffen kann, auch wenn die Umstände schwieriger sind als zuvor.

Lebenslagen ändern sich und lassen sich mit Verstand und Geschick in unserem Sinne bessern. Nichts ist endgültig. Jede Wunde kann heilen, doch der Heilungsprozeß braucht Zeit. Niemand darf sich voreilig für besiegt erklären oder am Ende halten. Wir sind dazu geschaffen, mit äußeren und inneren Krisen fertig zu werden. Unsere Kraft wächst mit den Widerständen, wenn wir ja zu unseren Fähigkeiten sagen und nicht den Mut verlieren.

Sobald wir uns fürchten und den Schutzmantel des Selbstvertrauens in die eigene Kraft und Fähigkeit fallenlassen, trifft uns das Befürchtete erst recht; es setzt uns zu und übt Macht über uns aus. *Wie man mit Mut verwirklichen kann, was man erhofft, so verwirklicht die Angst das, was man befürchtet.*

Ein berühmter Arzt der Goethe-Zeit, CHRISTOPH WILHELM HUFELAND, fragte daher zu Recht: »Jeder kennt die Kraft der Imagination. Niemand zweifelt, daß Menschen durch Einbildung erkranken können. Ist es da nicht ebensogut möglich und unendlich besser, sich einzubilden, gesund zu sein?«

Hufeland war auch einer der ersten Vertreter der Naturheilkunde und einer gesunden Lebensführung.

Ein Musterbeispiel für eine gesunde Einstellung besaß der Schweizer Maler PAUL KLEE, der heute weltberühmt ist, zu seinen Lebzeiten aber verlacht wurde. Als im Jahre 1939, kurz vor seinem Lebensende, wieder einmal eine vernichtende Kritik seiner Bilder erschien, wunderten sich alle, daß er nicht verletzt war. Aber er meinte dazu nur, es lasse sich eben nichts erzwingen, und: »Nähren Sie nur die positiven Gedanken in sich.«

Gerät bei einem Fußballspiel die eine Mannschaft ins

Hintertreffen, so kann sie sich entweder entmutigen oder aber erst recht anspornen lassen. Diejenige Mannschaft, die entschlossen ist, das Ruder herumzuwerfen, hat erfahrungsgemäß noch gute Aussichten, am Ende doch noch einen um so glänzenderen Sieg zu erringen.

Wir alle kennen in unserem Umkreis Menschen, die trotz oder gerade wegen ihrer Gebrechen besondere Leistungen erbringen, zu denen sie nie imstande wären, wenn sie sich in die Resignation geflüchtet hätten. Sie entschieden sich aber für den Vorstoß ins Positive und ernteten Erfolg und Anerkennung.

Die Lebensläufe berühmter Persönlichkeiten bieten eine Fülle von Beweisen für die These an, daß schlechte Startpositionen oder Gebrechen kein Hindernis sein müssen, sondern erst recht Anlaß dafür, positive Kräfte zu entwikkeln. Der Komponist LUDWIG VAN BEETHOVEN wurde taub und stieß trotzdem danach noch in neue, bisher unbekannte Klangregionen vor.

JOHANN JOACHIM WINCKELMANN wurde im Jahre 1717 in Stendal in der Altmark als Sohn eines Schuhmachers geboren, zu einer Zeit, als es noch undenkbar war, den Stand zu wechseln und die bessere Schulausbildung eines Höhergestellten zu erwerben. Er schaffte es auf den schwierigsten und langwierigsten Umwegen trotzdem und wurde der Begründer der Archäologie. Sein Ruhm war so groß, daß ein berühmter französischer Romancier, der ursprünglich HENRI BEYLE hieß, sich nach WINCKELMANNS Geburtsort STENDHAL nannte.

Nicht minder aufsehenerregend ist der Lebenslauf von HEINRICH SCHLIEMANN, eines würdigen Winckelmann-Nachfolgers, der Troja ausgrub. Er wurde im Jahre 1822 in einem mecklenburgischen Dorf als Sohn eines verkommenen Predigers geboren. Unter unsäglichen Entbehrungen verfolgte er seinen Jugendtraum, daß an HOMERS Schilderungen etwas wahr sein und Troja existieren müsse. Er erreichte tatsächlich sein Ziel, grub Troja aus, wurde dadurch weltberühmt und steinreich.

Mit solchen Beispielen aus der Geschichte könnte man bequem ein ganzes Buch füllen. Alle diese Beispiele lehren: *Ohne Opfer geht es nicht!*

Wieviel Unglück könnte vermieden werden, wenn die Raucher ihren Konsum einschränkten oder auf ihre Zigarette verzichteten oder wenn die Alkoholiker in der Lage wären, den Griff zur Flasche zu unterdrücken. Drogen werden überall dort genommen, wo Menschen unter nervösen Spannungen, Ängsten, Enttäuschungen und Depressionen leiden. In der Bundesrepublik Deutschland gibt es derzeit etwa 1,8 Millionen Alkoholiker, die meistens unheilbar krank sind und weitere Millionen Menschen, nämlich ihre Angehörigen, direkt in ihr Unglück hineinziehen. Das Ausmaß dieses Elends läßt sich sogar in Geld ausdrücken: Der Alkohol richtet in der Bundesrepublik Deutschland jährlich einen volkswirtschaftlichen Schaden in Höhe von dreißig Milliarden Mark an.

Frage: Ist derjenige zu belächeln, der seinem Leben einen Sinn zu geben versucht, indem er etwas Positives auch noch im Negativen erkennt, oder derjenige, der sich Drogen hingibt, die letzten Endes seine Gesundheit total ruinieren werden?

Die meisten von uns besitzen heute zwar mehr als ihre Vorfahren und wissen mehr als ihre Eltern, aber sie sind deswegen zumeist keineswegs glücklicher. Der deutsch-amerikanische Psychotherapeut Erich Fromm hat diesen Zwiespalt zwischen Besitzstreben und persönlichen Werten in einem Buchtitel auf die schlichte Formel gebracht: *Haben oder Sein.*

Trotz oder wegen unseres Wohlstandes füllen sich die Krankenhäuser, Gefängnisse und Heilanstalten, während sich die Gotteshäuser leeren und sich Familien und Herzensbande auflösen wie Wachs an der Flamme. Diese Krise läßt sich nur überwinden, wenn wir erkennen, welche negativen Faktoren in sie geführt haben, und wir bereit sind, zumindest *in uns selbst eine positive Grundstimmung zu schaffen.*

Politiker und Werbemanager versuchen unentwegt, uns durch eine solche positive Grundstimmung etwas zu verkaufen. Warum lassen wir uns von ihnen verführen? Warum versuchen wir nicht, uns selber zu führen, indem jeder von uns für seine eigene positive Grundstimmung sorgt?

Probleme eignen sich nicht als Hausfreunde. Wer fortgesetzt Probleme wälzt, wird sie eines Tages nicht mehr los. Statt sie endlich zu beherrschen, beherrschen sie schließlich ihn. Wer sich Negatives vergegenwärtigt, sollte das nur tun, um das Positive darin zu erkennen.

Zu jedem Psychotherapeuten kommen immer wieder Patienten, die glauben, sie persönlich seien vom Unglück verfolgt, ihr Schicksal sei besonders schwer. Geht man dann mit ihnen ihren Lebenslauf durch, so stößt man immer wieder auf Ereignisse, die der Patient sehr wohl als Glück hätte erfahren können, wenn er es nicht aus seiner grundsätzlichen negativen Einstellung heraus übergangen hätte.

Das Lob der Dankbarkeit

Wesentlicher Bestandteil einer positiven Grundhaltung und Lebensweise ist die Dankbarkeit. Jeder darf dankbar sein für die Reichtümer der Schöpfung, die allen gehören. Nicht derjenige hat von ihnen am meisten, der das meiste Geld hat, sondern derjenige, der sich ihnen mit den offensten Sinnen und dem offensten Herzen zuwendet. Jeder von uns kann dankbar sein für die Schönheiten unserer immer noch reizvollen Heimat, dankbar für die großen Kulturschätze der Vergangenheit und für die wundervollen Baudenkmäler in Städten und Dörfern.

Jeder kann dankbar sein für den unübersehbaren Schatz der Musik, der Kunst und der Literatur, der gerade von Menschen deutscher Sprache und Kultur im letzten Jahrtausend und zuvor geschaffen wurde. Er kann dankbar sein für das großartige Angebot der christlichen Heilslehre und für jedes Erlebnis menschlicher Aufrichtigkeit, Freundschaft, Großzügigkeit, Liebe und Treue.

Doch wie viele von uns tun doch einfach so, als könnte es nie genug sein, als wäre Dankbarkeit überflüssig und als gäbe es nur noch den Existenzkampf und alle möglichen Ängste. Die Gründe für diese Ängste sollen hier nicht bagatellisiert werden. Sie werden in diesem Buch immer wieder angesprochen. Aber wir sollten unsere besondere Aufmerksamkeit auf die ernsthaften Bemühungen in allen Teilen der Welt richten, Kriege zu verhindern, Hungernde zu retten, allenthalben gerechtere Verhältnisse zu schaffen und der ursprünglichen Natur wieder den Raum zu geben, der ihr zusteht.

Schließlich und nicht zuletzt hat jeder von uns Grund,

dafür *dankbar zu sein, daß er wandlungsfähig ist und diese Möglichkeit zu seinem eigenen Besten nutzen kann.* Dabei ist dem Schmerz eine besondere Rolle zuzumessen, auch wenn Schmerz heute von vielen verwöhnten Wohlstandsbürgern als etwas absolut Unzumutbares empfunden wird.

In Wirklichkeit kommt dem Schmerz seit jeher eine besondere positive Bedeutung zu, die in allen früheren Epochen auch erkannt und gewürdigt worden ist. So schrieb zum Beispiel der österreichische Komponist ANTON BRUCKNER über sein *Tedeum* die Widmung: »Dem lieben Gott für meine in Wien ausgestandenen Leiden.« Und der österreichische Dichter ADALBERT STIFTER sagte einmal: »Der Schmerz ist ein heiliger Engel, und durch ihn sind die Menschen größer geworden als durch alle Freuden der Welt.«

Manche Leiden breiten sich nur deswegen aus, weil wir die positive Wirkung des Schmerzes nicht anerkennen wollen und immer so früh wie möglich Antischmerztabletten schlucken. Jeder Schmerz gibt uns aber ein wichtiges Signal, das wir entschlüsseln müssen.

Wo der Schmerz sich nicht rechtzeitig einstellt, wie bei der tückischsten aller Krankheiten, dem Krebs, ist es bereits zu spät, wenn wir ihn endlich wahrnehmen. Wir sollten daher die wegweisende Bedeutung des Schmerzes erkennen und uns bemühen, aus schmerzlichen Erfahrungen die richtigen Konsequenzen zu ziehen.

Auch eine Krankheit kann einen Sinn haben. Das gleiche Leiden kann für den einen Menschen Siechtum und Tod bedeuten, für den anderen aber eine positive Erfahrung. Seitens namhafter Psychologen hat sich heute die Ansicht durchgesetzt, daß das Erleiden und Überwinden von Kinderkrankheiten für die Entwicklung junger Menschen eine erhebliche positive Bedeutung haben kann.

Als man die sterblichen Überreste von Menschen untersuchte, die ein hohes Alter erreicht hatten, stellte man zur allgemeinen Überraschung fest, daß sie, die zeit ihres Lebens als gesund galten, sehr wohl Spuren verschiedenster erfolgreich überstandener Krankheiten aufwiesen, Krankheiten, die sie offensichtlich ignoriert hatten. Beim Dienst am Kranken erwirbt sich ein einfühlsamer Helfer im Laufe der Zeit ein gutes Gespür dafür, welcher ältere Patient es noch einmal schaffen und welcher die Gelegenheit wahrnehmen wird, auf dem Krankenlager zu sterben.

Ich habe es selbst erlebt, wie ein über neunzigjähriger lustiger alter Mann schon am Morgen nach einer ernsthaften Operation munter herumlief und seinen zwanzig Jahre jüngeren Bettnachbarn, der eine etwa gleich schwere Operation hinter sich hatte, umsorgte. Der Siebzigjährige, der nur mit Mühe ernährt werden konnte und von Anfang an zu verstehen gab, daß er am Leben kein Interesse mehr habe, starb »nach langem schwerem Leiden«, wie es dann in der Todesanzeige hieß, auf der Station, während der Greis schon bald nach Hause geschickt werden wollte.

Wäre der Neunzigjährige schwierig und ängstlich gewesen und hätte er sich über die Schwere seines Eingriffes bei seinem Alter allzu viele Gedanken gemacht, so hätte er vermutlich die Operation ebenfalls nicht überlebt. Viele Menschen, mit denen es psychisch und körperlich abwärtsgeht, leiden an einem Gebrechen, das sich in keinem medizinischen Wörterbuch findet, das aber in Fachkreisen bestens bekannt ist und treffend so charakterisiert wird: *»Hoffnungslosigkeit ist eine Krankheit zum Tode.«*

Der Wert der Hoffnung

An der Hoffnungslosigkeit habe ich manchen Menschen zugrunde gehen sehen. Aus meiner Erfahrung möchte ich aber auch eine tröstliche Bemerkung hinzufügen: Wenn Hoffnungslosigkeit eine Krankheit ist, die zum Tode führt, dann ist *Hoffnung ein Heilmittel zum Überleben!* Es gibt keine Krankheit und keine Not, die den Griff zu der Giftflasche Hoffnungslosigkeit und den Verzicht auf das Lebenselixier Hoffnung rechtfertigen.

Völkerkundler haben immer wieder mit großem Erstaunen beobachtet, daß die Mitglieder von Naturvölkern willentlich sterben können, wenn sie ihre Zeit als vollendet betrachten. Unsere Vorfahren, wenige Generationen zurück, wußten noch genau, wann ihre letzte Stunde unabweislich gekommen war, und versammelten rechtzeitig ihre Familie um sich, um in ihrer letzten Stunde nicht allein zu sein und der Nachkommenschaft zu sagen, was sie für wichtig hielten. Noch heute gibt es Naturvölker, wo man es für sinnlos hält weiterzuleben, wenn der Medizinmann den Bann ausgesprochen hat.

Diese Menschen verhalten sich so ähnlich wie manche unserer alten Patienten, die einen Oberschenkelhalsbruch zum Anlaß nehmen, immer mehr abzubauen, um schließlich in Würde zu sterben.

Wer will, kann aufgrund seiner Hoffnungslosigkeit Selbstmord begehen. Er kann aber auch genausogut aufgrund seiner unerschütterlichen Hoffnung den Tod um eine ganze Reihe von Jahren hinausschieben. Schöpferischen Menschen, wie zum Beispiel JOHANN WOLFGANG VON GOETHE, ist es noch im hohen Alter gelungen, den

Tod so lange zurückzuweisen, bis ihrer Ansicht nach ihr Lebenswerk vollendet war. Ihr »Geheimnis« ist dies: *Das Leben bejahen! Was es zu bieten hat, bis zur letzten Stunde zu bieten hat, zuversichtlich bejahen!*

Wer sich daran begeistern kann, daß er lebt, und wer vom Drang nach Selbstverwirklichung beseelt ist, wird mit einer Krankheit in der Regel ebenso fertig werden wie mit Depressionen, Schicksalsschlägen und anderen unvermeidlichen Tiefpunkten. Zuversicht ist das Rückgrat der Seele. Angst und Hoffnungslosigkeit untergraben die Tatkraft und rauben uns den Lebensmut.

Bei Tierversuchen wurde beobachtet, daß Ratten, die in Kämpfen mit Artgenossen den kürzeren zogen, eingingen, obwohl sie körperlich unverletzt waren. Man konnte in diesen Fällen nachweisen, daß übersteigerte Furcht die Todesursache war. Die Ratten erstickten an ihren Ängsten! Wer denkt hier nicht an psychisch bedingtes Asthma?

Hinter der erschreckend hohen Zahl der Selbstmorde in unserer angeblich so humanen Wohlstandsgesellschaft steht häufig die Angst. Sie treibt gesunde und satte Bürger aller Kreise dazu, jede Hoffnung und jede Zuversicht über Bord zu werfen und sich selber ein Ende zu bereiten.

»Wer ein Warum zum Leben hat, erträgt fast jedes Wie.« Diese Erkenntnis FRIEDRICH NIETZSCHES wirft ein Licht auf den Hintergrund solcher im wahrsten Sinne des Wortes tödlicher Hoffnungslosigkeit. Oft werden widrige Lebensumstände – das Wie – nicht ertragen, wenn ein starkes Warum fehlt, ein Lebenssinn, der die Kräfte mobilisiert und uns veranlaßt, locker, mit einer gewissen Gelassenheit und Heiterkeit auf dem Lebensweg fortzuschreiten.

Der Sinn des Lebens

Wenn zwei junge Menschen den Bund der Ehe eingehen, dann wünschen ihnen alle Angehörigen und Freunde, daß sie miteinander glücklich werden sollen. Aber das Glück – was immer das sein soll – ist uns nicht in die Wiege gelegt. Es entwickelt sich auch nicht im luftleeren Raum, noch wird es uns von freundlichen Menschen an den Busen geheftet.

Daher empfiehlt es sich, nicht gleich nach dem schwer definierbaren großen Glück zu streben, sondern zuerst einmal, etwas bescheidener, nach der Zufriedenheit. Aber auch die Zufriedenheit ist eine Tugend, die wir selbst entwickeln müssen. Sie basiert auf dem Sinn, den jeder von uns für sein persönliches Leben findet.

Da niemandem der Lebenssinn verliehen wird wie ein Orden, muß die Frage lauten: Wie kann ich meinem Leben einen Sinn geben? Wem es nicht gelingt, diese Frage zu beantworten, der wird sich an Unsinn klammern.

Die Frage nach dem Sinn des Lebens ist heute schwerer zu beantworten denn je. Kirche und Nation können uns heute nur noch in seltenen Fällen Vorbilder stellen. In jeder Familie werden die verschiedensten Meinungen vertreten. Die Gesellschaft ist in tausend Splittergruppen zerfallen. Es gibt keinen Kodex mehr, nach dem man sich richten könnte. Jeder muß einen Weg suchen und finden, der seiner Persönlichkeit entspricht. Immerhin haben wir für diese Aufgabe heute wesentlich mehr Freizeit als unsere Vorfahren.

Eine positive Einstellung zum Leben kann nur gewinnen, wer seine eigene Person uneingeschränkt annehmen kann. *Nur wer sich selbst akzeptiert, ohne Abstriche, ohne Wenn und Aber, wird es schaffen, sich selbst voll zu entfalten. Ich bin ich!*

Am Anfang steht das Ja zu sich selbst immer noch ganz in dem Sinne, wie es der bereits zitierte JEAN-JACQUES ROUSSEAU einmal ausgesprochen hat. Dieses Ja sollte ein anspruchsvolles Ja sein, von jener Liebe bestimmt, die Christen als das wichtigste Gebot auferlegt wurde. *Du sollst dich selbst annehmen wie deinen Nächsten!* Das ist die Folgerung aus dem Gebot: »Liebe deinen Nächsten wie dich selbst.«

Richtig verstandene und richtig dosierte Eigenliebe heißt in der Praxis, von sich selbst etwas zu halten, zu sich selbst gut zu sein, sich Grund zur Freude zu verschaffen, sich nicht zu zerreißen und allen möglichen Ängsten und Sorgen zu erliegen. Jeder von uns lebt nur einmal!

Sich richtig lieben heißt daher, an seinem Dasein mit jeder Faser zu hängen, sich nicht durch andere unterdrükken und ausbeuten zu lassen, aber auch nicht sich selbst zu unterdrücken und auszubeuten. Manchen Ehrgeizling möchte man daher mit der modifizierten goldenen Regel zur Räson bringen: »Was du nicht willst, das man dir tu, das füg dir auch nicht selber zu.«

Wer sich nicht positiv gegenübersteht, wer nicht zu sich selbst Vertrauen hat, der kann auch kein Vertrauen in das Leben entwickeln, der kann auch nicht anderen vertrauen. Wer von uns könnte andere Menschen bejahen und sie lieben, wenn wir uns nicht selbst bejahen? Zufriedenheit können wir nur erlangen, wenn wir Grund haben, mit uns selbst zufrieden zu sein.

KAPITEL 3

Motiviere dich selbst!

Was ist Couéismus?

Seitdem es Menschen gibt, versuchen sie sich gegenseitig suggestiv zu beeinflussen. Wir beeinflussen uns selbst und lassen uns von unseren Mitmenschen beeinflussen. Die Partner unserer privaten und beruflichen Gespräche, Arzt, Lehrer, Priester, Politiker beeinflussen uns tagtäglich, von den Nachrichtenmedien ganz zu schweigen. Die Einflüsse gehen von Freunden und Gleichgesinnten aus, von echten und vermeintlichen Vorbildern, aber auch von Nachbarn und Aufschneidern und natürlich auch von unseren Feinden: sie alle prägen unser Denken, Fühlen und Handeln. *Und angepaßtes Verhalten beruht auf dem Einfluß von außen.*

Es lohnt sich, die Wörter unserer Muttersprache abzuhören. Sie tragen ihren Sinn bereits in sich. So beschreibt das Wort »Ein-Fluß« ja bereits genau, worum es geht. Wir haben schon in einem früheren Kapitel erfahren, wie offen und zugänglich wir für Reize von außen sind. So nimmt es nicht wunder, wie leicht vieles in uns hineinfließt. Im Unterschied etwa zur chemischen Infusion, bei der Substanzen tröpfchenweise in unseren Kreislauf eingeschleust werden, dringt der suggestive Einfluß in uns vor wie die Wärme: sie strömt gleichzeitig in alle Partien unseres Körpers ein und füllt uns mit Energie auf.

Unsere Muttersprache verrät uns auch, daß wir in der Lage sind, etwas »aufzunehmen«, uns etwas »einzuprägen« und uns geistig etwas zu eigen zu machen. Jedes Kind setzt bei dieser Fähigkeit an, wenn es versucht, die ersten Worte zu formen, und später auf dem Spielplatz Abzählverse aufsagt: *Durch die konzentrative Wiederholung immer des gleichen Gedankeninhalts erfolgt die Einverleibung.* Dieselbe Methode hat auch im seelischen Bereich Erfolg, wenn wir versuchen, mit Hilfe des Wortes durch fortgesetzte Wiederholung Ein- und Umprägungen vorzunehmen.

Der französische Apotheker EMILE COUÉ erkannte um die Jahrhundertwende die Möglichkeit, Worte therapeutisch zu nutzen. Er lehrte die Möglichkeit, sich selbst aufgrund entsprechender Suggestivformeln bewußt und gezielt zu beeinflussen.

Damit machte er ein uraltes Heilverfahren für die Menschen seiner Zeit wieder salonfähig. Zu den ältesten schriftlichen Überlieferungen im deutschen Sprachraum zählen die Merseburger Zaubersprüche und magische Besprechungen von Krankheiten und Gebrechen. Auch die erfolgreichen Therapien der Medizinmänner beruhen weitgehend auf Suggestionen, an denen sich der Patient beteiligt, so daß auch hier, zumindest teilweise, von einer Selbstbeeinflussung gesprochen werden kann.

Coué erzeugte in seinen Patienten zunächst durch Fremdsuggestion, also mittels seiner Worte, eine Grundstimmung vertrauensvoller Erwartung, auf der dann sein Selbstheilverfahren kraft Autosuggestion wirksam werden konnte. Er begann damit, daß er seinen Patienten die Tatsache vor Augen führte, ein Kräftepotential schlummere in ihnen, das die meisten ihrer Leiden und menschlichen Schwächen zu überwinden vermöge.

Er ging davon aus, daß die Kraft zur Gesundung in jedem Menschen vorhanden sei und zur Selbstheilung nur geweckt werden müsse. Der Patient selbst könne diese überwindende Kraft freisetzen, wenn er nur seine Methode der Selbstbeeinflussung richtig anwende.

Mit dieser Theorie hatte Coué im Prinzip recht. Das alte lateinische Sprichwort: »Medicus curat, natura sanat« (Der Arzt hilft, die Natur heilt) ist immer gültig. Wenn ein Mensch nicht mehr in der Lage ist, mit seiner Krankheit fertig zu werden, so kann auch der beste Mediziner mit den besten Medikamenten keine Heilung herbeiführen. Jeder chirurgische Eingriff ist erfolglos, wenn nicht unser biologisches System selbst in eigener Regie die Regeneration und Rekonvaleszenz durchsetzt.

Wir erwarten von der Pille zuviel und von den heilenden Fähigkeiten unseres eigenen Organismus zuwenig!

Dementsprechend flößte Coué zuerst in gemeinschaftlichen Sitzungen seinen Patienten ein möglichst starkes Vertrauen auf ihre körpereigenen Heilkräfte ein. In dieser Gruppentherapie wurde bereits eine konzentrative Entspannung geübt, wie sie Jahrzehnte später von dem amerikanischen Psychotherapeuten E. JACOBSON als »progressive Relaxation« und von dem deutschen Arzt und Psychotherapeuten JOHANNES HEINRICH SCHULTZ als »autogenes Training« vorgeschlagen wurde.

Das Schwergewicht legte Emile Coué auf eine Hausaufgabe: Er verlangte von seinen Patienten, in einem erlernten Zustand der Entspannung mindestens zwanzigmal hintereinander die Suggestivformel »Es geht mir von Tag zu Tag in jeder Hinsicht immer besser und besser« aufzusagen. Tatsächlich ging es daraufhin den Betroffenen immer besser und besser, und ihre Leiden, ob Rheuma, Depressionen oder Magengeschwüre, hatten dauerhaft ihre Schrecken verloren.

»Glauben Sie fest daran«, suggerierte Coué, »daß sich alles, was Sie von mir hören, dauerhaft in Ihnen verankert. Ihr Körper lockert sich und wird bald wieder völlig gesund arbeiten. Sie werden abends leicht einschlafen und tief, genesend und frei von beängstigenden Träumen durchschlafen. Beim Erwachen werden Sie sich stark und gesund fühlen. Kummer und Leiden werden fernbleiben. Krankhafte Ideen werden sich wie in einer fernen Wolke auflösen. Wenn eines Ihrer Organe gegenwärtig nicht einwandfrei funktioniert, so wird es dieses bald wieder tun. Sie werden sich körperlich, seelisch und geistig einer vorzüglichen Gesundheit erfreuen, einer bessern Gesundheit, als sie Ihnen jemals bis jetzt zuteil wurde . . .«

Diese und ähnliche Worte bereiteten in seinen Zuhörern den Boden, in dem der Samen der Selbstheilung durch Autosuggestion aufgehen und Frucht bringen konnte.

Reale Selbstheilungskräfte

Emile Coué und seine ersten Nachfolger erklärten die Wirkung der Autosuggestion mit den lapidaren Worten:

»Vorstellungen verwirklichen sich!« Diese Erklärung reicht jedoch nicht hin. Autosuggestion ist kein Zauber! Nichts verwirklicht sich von allein. Der Mensch verwirklicht seine Vorstellungen, indem er sie in die Tat umsetzt. Parallel dazu erzeugt die Suggestion den Drang, das Erwünschte zu verwirklichen.

Heutzutage macht sich ja selbst die Wirtschaft den Grundgedanken der »sich selbst erfüllenden Prophezeiung« zunutze. Darunter versteht man, daß auffällig oft eintritt, was man erwünscht, erstrebt und oft auch nur vermutet. Jede vernünftige Zukunftsplanung enthält Elemente einer solchen Erwartungshaltung, die sich oft nur deswegen *verwirklicht, weil fest genug* an *das Gewünschte geglaubt wird.*

Wer in diesem Zusammenhang nach wissenschaftlicher Exaktheit verlangt, der muß mit der Tatsache vorliebnehmen, daß zahllose Vorgänge im Menschen noch nicht erklärt werden können. Wie zum Beispiel bringt es unser Körper fertig, unzählige chemische Werte in pausenloser Folge zu kontrollieren und fortlaufend durch Korrekturen konstant zu halten? Wie schafft es der Organismus, daß er, im Gegensatz zur Maschine, sich selbst zu reparieren vermag und immer wieder Selbstheilungen der komplexesten Art vollbringt? Wie schafft er es, rechtzeitig Abwehrmaßnahmen einzuleiten, damit seine Funktionen nicht ernsthaft gefährdet werden? Wer weiß auf diese und ähnliche Fragen exakte Antworten?

Es unterliegt keinem Zweifel, *daß unser biologisches System mehr über Gesundheit und Krankheit weiß als jeder Arzt.* Daher ist es berechtigt, in die Fähigkeiten des Organismus größte Erwartungen zu setzen – jedenfalls größere als in die Wirksamkeit von Pillen.

Eine eng geschriebene Auflistung allein schon der geläufigsten Medikamente umfaßt heute mehr als achthundert Seiten. Ein großer Prozentsatz dieser Präparate wird benötigt, weil angemessene psychosomatische Behandlungsmethoden noch fehlen. Allerdings verschreiben unsere Ärzte Pillen oft auch dort, wo sie überhaupt keine Wirkung haben können. Wenn jemanden der Schuh drückt, nützen Schmerzmittel nichts. Er müßte sich passende Schuhe kaufen, wenn er Hühneraugen, Schwielen, Verformungen des Fußes und dergleichen vermeiden will.

Freilich haben sich schon immer viele Menschen dem Diktat der Mode unterworfen und Schuhe oder Kleidungsstücke getragen, die ungesund sind. Das Bedürfnis, sich schön zu machen, ist größer als der Wunsch, gesund zu leben.

Unsere Allgemeinmediziner sind im allgemeinen nicht mehr in der Lage, die weitgehend seelischen Ursachen der Zivilisationskrankheiten freizulegen. Sie müßten ja auch praktischer Arzt, Psychologe, Sozialarbeiter und Seelsorger in einer Person sein! Psychotherapeuten – Fachärzte, die sich um die Psyche kümmern, für die ihre Kollegen nicht zuständig sind – sind bei uns immer noch dünn gesät und werden oft gerade von denen gemieden, die sie nötig hätten. Und Psychiater wiederum sind nicht für psychosomatische Krankheiten, sondern für Geisteskrankheiten zuständig.

Daher können wir froh sein, daß wir in der Autosuggestion über eine Möglichkeit der Selbsthilfe verfügen. Die

Möglichkeit, sich selbst durch Autosuggestion zu helfen, beruht auf den folgenden *grundlegenden Tatsachen*:

- Daß unser Körper sich selbst zu heilen vermag und diese seine Fähigkeiten an jedem von uns bereits oft unter Beweis gestellt hat;
- daß unser hochdifferenzierter Organismus und die Psyche bis in ihre tiefsten Bereiche hinein für Einflüsse offen beziehungsweise zu öffnen sind.

Bei der berechenbaren Reaktion auf Einflüsse *kommt der Einheit von Psyche und Soma eine Schlüsselfunktion zu.* Auf diesen Prinzipien beruht die Möglichkeit, die Autosuggestion therapeutisch zu nutzen. Es bedarf dazu keines frommen Glaubens. Unsere Gemütsbewegungen sind Reaktionen unserer inneren Organe auf Sinneseindrücke, Vorstellungen und Gedanken. Was wir wahrnehmen, insbesondere sehen und hören, oder vorstellen oder denken, vermag zu bewirken, daß unser Herz schneller schlägt, daß uns im Magen flau wird, das Blut in den Adern stockt, die Galle überläuft und so weiter.

Unsere deutsche Sprache sagt es wieder einmal ganz genau, was passiert, wenn wir solche Gemütsbewegungen nicht zeigen: dann »fressen wir Probleme in uns hinein«, dann laufen wir mit »unverdauten Problemen« herum.

Jeder von uns kennt Menschen, die lebenswichtige Organe ruinierten, weil sie sich fortgesetzt aufregten, ohne dafür einen positiven Ausgleich zu finden. Interessant ist für uns in diesem Zusammenhang die Tatsache, daß wir umgekehrt durch positive, also lebensbejahende Empfindungen und Impulse auch heilsame Wirkungen in unserem Organismus hervorrufen können.

Wirkungen der Autosuggestion

Wie stark wir durch die Phantasie zu beeinflussen sind, läßt sich ohne große Schwierigkeiten beweisen. Wir müssen uns nur anschaulich eine Person vorstellen, die vor unseren Augen eine Zitrone zerteilt und in die Schnitze hineinbeißt. Sofort läuft uns das Wasser im Munde zusammen, als hätten wir selber in einen Zitronenschnitz hineingebissen. *Unser Organismus reagiert auf Vorstellungen sehr schnell.*

Das ist kein Zufall. Der Volksmund sagt, daß wir auch »mit den Augen essen«. Daher legt eine gute Hausfrau Wert darauf, daß der Tisch schön gedeckt und die Speisen lecker angerichtet werden. Denn schon, wenn wir die Mahlzeit sehen, »läuft uns das Wasser im Mund zusammen«, weil mit Hilfe des Speichels die Speisen vorverdaut werden müssen, bevor sie in den Magen gelangen.

Welche Bedeutung die Vorstellungskraft für die sexuelle Erregung hat, bedarf keiner näheren Erläuterung.

Es ist kein Zufall, daß die Wissenschaft von der Psyche, die Psychologie, durch den deutschen Arzt CARL GUSTAV CARUS begründet wurde, nachdem kurz zuvor die Romantiker die Kraft der Phantasie entdeckt hatten.

Ein phantastisch anmutendes Beispiel dafür, was Vorstellungen anzurichten vermögen, ist die Scheinschwangerschaft. Sie soll früher an den Fürstenhöfen oft vorgekommen sein, weil ja die Frauen unter allen Umständen einen Thronfolger gebären mußten. Bemerkenswert daran ist vielleicht nicht so sehr die Einbildungskraft zu sich als vielmehr die Tatsache, daß der Körper dieses Spielchen mitmachte und die »anderen Umstände« beweiskräftig darstellte. Er blähte sich so täuschend echt auf, daß tatsächlich auf den Stammhalter und Thronfolger gehofft wurde, bis eines Tages der unbewußte Trug sein Ende fand.

Mut ist Einbildung! Vertrauen ist Einbildung! Glaube ist Einbildung! Hoffnung ist Einbildung!

Doch Vorstellungen und Einbildungen, also bildhafte Vorstellungen, sind bei geistig gesunden Menschen mehr als nur vage Gespinste, die sich leicht entzweireißen ließen. Sie erzeugen vielmehr eine Kraft, die so wichtig ist, daß die meisten von uns ihr Leben und ihre Zukunft ohne sie nicht meistern könnten.

Unsere Vorstellungen nehmen durch das gedachte Wort Gestalt an. Sie werden hörbar verfestigt durch die Aussprache der Worte und sichtbar verfestigt durch die schriftliche Fixierung. *Die Verwirklichung einer Idee beginnt mit dem gedachten und gesprochenen Wort.* Es drückt einen Inhalt aus, und dieser hinterläßt Eindruck. Das Wort ist das Medium, um auf sich und andere Einfluß zu nehmen. Das gesprochene Wort kann erheitern, beruhigen, erheben. Das wissen wir aus dem täglichen Leben. Das Lob spielt dort, wo gelernt wird, eine entscheidende Rolle. Ebenso wichtig ist der Zuspruch in der Psychotherapie.

Die Menschen des Mittelalters vermuteten heilende Kräfte »in verbis, herbis et lapidibus« (in Worten, Heilkräutern und Edelsteinen). WLADIMIR I. LENIN, der ideelle Begründer des Sowjetreiches, wußte: »Das Wort ist eine mächtige Sache.« Er handelte dementsprechend.

Die Älteren unter uns werden sich noch lebhaft daran erinnern, welch ungeheure Wirkung ADOLF HITLER oder

JOSEPH GOEBBELS durch ihre Reden erzielten, wie sie die Massen aufpeitschten. Wie alles auf dieser Welt kann auch das Wort zu destruktiven Zwecken eingesetzt werden. Es ist machtvoll sowohl in negativer wie in positiver Hinsicht.

Das Evangelium des JOHANNES bringt die Kraft des Wortes mit der von der göttlichen Allmacht kreierten Weltschöpfung zusammen: »Im Anfang war das Wort, und das Wort war bei Gott, und Gott war das Wort . . .«

Das Wort als »Medikament«

Wenn die Autosuggestion *richtig* ausgeübt wird, kann das Wort zum Heilmittel werden. Das Medikament »Wort« gibt positive psychosomatische Anstöße und erzeugt bei richtigem Einsatz und »angemessener Dosierung« die erwünschte heilsame Wirkung.

Eine Suggestivtherapie mit dem Heilmittel »Wort« ist immer dann angezeigt, wenn das vegetative Nervensystem gestört ist, wenn physisch intakte Organe in ihrer Funktion gestört, wenn die Nerven übererregt sind und bei allen anderen Zuständen, die auf psychischer Überforderung und vegetativer Labilität beruhen. Die Suggestion – Fremd- oder Selbstsuggestion – wirkt heilsam bei Angstzuständen, Depressionen, Minderwertigkeitsgefühlen, innerer Leere, inneren Spannungen und zahlreichen anderen seelischen Anfälligkeiten und Nöten. Autosuggestion – denn auch die vom Patienten akzeptierte Fremdsuggestion ist letztlich Autosuggestion – hilft auch, charakterliche Schwächen zu überwinden und eine ausgeglichene und leistungsfähige Persönlichkeit aufzubauen.

Die Autosuggestion beruht auf folgenden Bewirkungen:

Erster Effekt: *Der suggerierte Inhalt wird dem Langzeitgedächtnis eingeprägt.*

Negative Gedanken und Gefühle haben tiefe »Fahrrinnen« in die Landschaft unserer Seele eingeprägt. Wir rutschen daher immer wieder in diese eingeschliffenen Geleise hinein und haben es sehr schwer, aus ihnen herauszukommen. Unter diesen Umständen ist es sinnvoll, systematisch neue »Trassen zu legen«, um eine positive Ausgangssituation zu schaffen.

Die meisten Menschen gewöhnen sich gerne und schnell an die sich selbst neu auferlegten Denkbahnen. Erstens probiert jedermann gerne einmal etwas Neues aus, und außerdem zeigt sich dann bald, daß man auf den neuen Bahnen besser fährt als auf den vorher benutzten Holzwegen. Kraft positiver, also aufbauender Suggestionen setzt sich langsam, aber sicher eine positive Tendenz durch; aufgrund der so aufgebauten positiven Grundhaltung wird unser gesamtes Biosystem auf positive Leitmotive umprogrammiert.

Zweiter Effekt: *Der suggerierte Inhalt hat unfehlbar seine psychosomatische Wirkung.*

Durch positives Denken prägen wir die Psyche. Das hat auf die Dauer im ganzen eine seelische Umstimmung zur Folge. Wenden wir diese »Suggestivmedizin« regelmäßig an, dann erfährt auch die Some, der Körper, heilsame Anstöße.

Gezielt können funktionsgestörte Organe durch entsprechende Suggestivformeln so beeinflußt oder stimuliert werden, daß sie bald wieder ordentlich funktionieren wie etwa ein rhythmisch gestörtes Herz unter der Einwirkung eines Herzschrittmachers.

Dritter Effekt: *Der suggerierte Inhalt vermag unbewußte Fähigkeiten und Kräfte in uns zu wecken und zu aktivieren.*

Im Unbewußten liegt ja ein reicher Schatz insbesondere intuitiver und kreativer Fähigkeiten, aber es birgt auch eine Fülle menschlicher Erfahrungen, die der Mensch CARL GUSTAV JUNGS Lehre vom kollektiven Unbewußten zufolge im Laufe seiner Stammesgeschichte in Jahrmillionen erworben hat.

Dieses aufgespeicherte unbewußte Wissensgut kann durch Tiefenentspannung geweckt und durch geeignete Suggestivformeln aktiviert und, zumindest teilweise, bewußtgemacht werden. Aus dem Unbewußten, durch das wir Zugang zum unendlichen Geist oder – wenn Sie das vorziehen – zum göttlichen Geist haben, strömen uns Energien des Auftriebs, der Selbstbehauptung und der Lebensbejahung zu – wenn wir kraft positiver Suggestionen diese Kräfte in uns wachrufen und für uns mobilisieren.

Befreie die Kraft deiner Seele!

Kein Baum kann sich voll entfalten, der nicht in sich gesund und fest ist. Genausowenig kann sich ein Mensch zu einer Persönlichkeit entwickeln, der nicht eine feste und gesunde innere Struktur hat. Leider muß man aber davon ausgehen, daß Elternhaus, Schule und Umwelt unsere Kinder nicht nur fördern, sondern auch stark belasten und schädigen.

Viel zu oft erfahren Kinder weder Lob noch Zuspruch,

viel zu oft werden sie gedemütigt und lächerlich gemacht. Die organische Entwicklung des noch jungen Ich wird gestört, die Entfaltung der individuellen Fähigkeiten des Kindes unterdrückt. Zwar glauben viele das Beste wollende Eltern und Lehrer, etwas Gutes zu tun, wenn sie die Kinder auf ihre Fehler und Schwächen hinweisen, aber sie erreichen auf diese Weise – aufgrund der so angekurbelten, geradezu gesetzmäßig ablaufenden psychischen Mechanismen – meistens nur das Gegenteil.

Die auf solche Art angerichteten Schäden können glücklicherweise durch geeignete Autosuggestion geheilt werden. *Daher wird heute aus gutem Grund der Selbstbeeinflussung durch Autosuggestion größte Bedeutung für die Lebensgestaltung eines Menschen zugemessen.*

Vor einer Reihe von Jahren behandelte ich eine über achtzigjährige Frau, deren interessante äußere Erscheinung und auffallende Jugendlichkeit mir sofort ins Auge stachen. Als ich mich über ihr flachsblondes Haar äußerte, geriet sie in mädchenhafte Verlegenheit. Es sei ihr, meinte sie, ein großer Trost, daß sie bei all ihren einzelnen Häßlichkeiten auch etwas Ansprechendes an sich habe. Ihr Leben lang habe sie unter ihrer Häßlichkeit gelitten. Sie habe es nie verwinden können, daß ihr in jungen Jahren eine angeheiterte Freundin unter Anspielung auf ihre Sommersprossen gesagt habe: »Wenn ich so häßlich wäre wie du, dann nähme ich mir das Leben!«

Dieser Freundin – die sich in Zukunft als Feindin erwies – war es gelungen, einer schönen Frau durch eine einmal eingepflanzte und, was wesentlich ist, von dieser akzeptierten Suggestion für die folgenden sechzig Jahre – nicht nur in Sachen Partnerschaft – den Mut zu nehmen!

Mit Sicherheit wäre das Leben der unverheiratet gebliebenen Frau völlig anders verlaufen, wenn ihr damals eine echte Freundin etwas Positives von ähnlicher Suggestivkraft gesagt hätte.

Das Heilmittel ist in solchen Fällen die Autosuggestion. Sie vermag uns, richtig eingesetzt, von Neurosen, ja sogar von Komplexen und von sehr vielen seelisch bedingten Krankheiten zu befreien.

KAPITEL 4

Reinige deine Seele!

Wozu Psychohygiene?

Angesichts der bedrohlichen Situation im seelisch-geistigen und menschlich-ethischen Bereich geht es, denke ich, für uns alle darum, eine Notwendigkeit erster Ordnung zu begreifen.

Wenn es um unseren Körper geht, befleißigen wir uns heute in der Regel einer schon beinahe krankhaft übersteigerten Reinlichkeit. Die Hygiene aus dem luftdicht verschlossenen Plastikbeutel oder, noch schlimmer, aus der Sprühdose, die alle Keime und sogar die Natur tötet – das ist ein charakteristisches Produkt unserer Zeit. In Duftwolken hat man jahrzehntelang vernebelt, was wirklich notwendig gewesen wäre.

Hygiene tut nicht nur dem Körper not. Der Kurzdefinition eines einbändigen Lexikons kann man entnehmen, was unter Hygiene zu verstehen ist: »Pflege und Erhaltung der Gesundheit durch eine entsprechende Lebensweise, Fernhaltung krankmachender Einflüsse vom menschlichen Lebensbereich.« Und unter dem Stichwort »Psychohygiene« lesen wir: ». . . beruht vor allem auf der Vermeidung von Überbelastungen, auf dem Ausweichen vor verformenden Umweltbelastungen und auf der Berichtigung vernunftwidriger Ansichten und Verhaltensweisen.«

Hygiene erzielt man nicht durch die wahllose äußerliche oder innerliche Anwendung von Chemikalien, sondern nur durch eine vernünftige, maßvolle Lebensführung, die von einer positiven Grundeinstellung zur Natur und zum eigenen Ich zeugt.

Wie wichtig es ist, die richtige Dosierung einzuhalten, wissen Sie aus Ihrer alltäglichen Erfahrung. Chemotherapeutische Arzneien und genauso Naturheilmittel können wie Gifte wirken, wenn sie überdosiert werden. Selbst die Milch könnte, im Übermaß genossen, einem Menschen schaden. Sie enthält, wenn sie nicht entrahmt ist, eine beachtliche Menge tierischen Fettes. Daß für das deutsche Bier mit dem seit Jahrhunderten geltenden Reinheitsgebot geworben wird, heißt nicht, daß man es am Stammtisch ungestraft literweise in sich hineinschütten kann.

Ein altes Sprichwort heißt: »Mäßigkeit wird alt, zuviel stirbt bald.« Es ist heute so wahr wie einst. Daß es aber heutzutage nicht immer auffällt, wie früh manche Menschen aufgrund ihrer Unmäßigkeit altern, liegt nur daran, daß dank einer aufwendigen medizinischen Versorgung der frühe Tod verhindert wird. An seine Stelle tritt ein verlängertes Siechtum, das mit Hilfe der Mode jugendlich ummäntelt wird.

Die Fortschritte in der Medizin erlauben es uns auch heute nicht, daß wir uns etwas ohne Schaden leisten können, was früheren Generationen schlecht bekam. Einen Fortschritt, der uns gestattet, über die Stränge zu schlagen, wird es nie geben – schon deswegen nicht, weil die Übersättigung weder Lebensfreude noch innere Ausgeglichenheit hervorruft. Daß viele Menschen heute mehr essen und trinken, als ihnen gut tut, ist nur ein Symptom der allgemeinen Unmäßigkeit, die das Ergebnis unserer maßlosen Ansprüche und übersteigerten materiellen Erwartungen ist. Zumeist gehen diese materiellen Forderungen an das Leben Hand in Hand mit einer bedauerlichen Anspruchslosigkeit in ethisch-sittlicher Hinsicht.

Aber es ist natürlich nicht so, daß unsere Seele aufgrund des materiellen Überflusses keine lebensnotwendigen Bedürfnisse mehr hätte. Das Gegenteil ist richtig: Wir verweigern ihr, was sie unbedingt braucht, damit der Mensch gesund ist. Wir lassen sie hungern, während wir alles tun, unsere oberflächlichen Bedürfnisse zu befriedigen. Jeder Psychologe weiß aus der täglichen Praxis, daß sich hinter der äußerlichen Unersättlichkeit sehr oft ein seelischer Hunger, zum Beispiel nach Anerkennung, Zuwendung und Liebe, verbirgt.

Wer nicht regelmäßig und bewußt etwas für seine Seele tut, vielleicht weil er sie nicht wahrnimmt oder ihre Existenz nicht wahrhaben will, der erzeugt in sich ein Milieu, das an einen verwahrlosten Hinterhof oder an eine Rumpelkammer erinnert. *Die Psyche aber wird sich mit einem solchen, ihr aufgezwungenen Notzustand nicht zufriedengeben.*

Materielle Reichtümer sind kein zureichender Ersatz für den Lebenssinn. Geld und Gut in größten Mengen können auf die Dauer eine möglicherweise vorhandene innere Leere nicht verbergen. Wem ein Überangebot an äußerlichen Ersatzbefriedigungen zur Verfügung steht, läuft Gefahr, die Fähigkeit zu verlieren, sich selbst Grenzen zu setzen und nein sagen zu können. Hier liegt das größte Problem für alle Suchtkranken.

Ohne Selbstkontrolle ist Zufriedenheit nicht erreichbar. Der äußere Wohlstand ersetzt innere Wert nicht. Wer Beispiele dafür sucht, wie Lebenssinn durch äußerlichen Glanz ersetzt werden soll, der muß nur einmal darauf achten, welche Ansprüche mit einem Autokauf oder einem Hausbau verbunden werden. So manche Villa scheint zu sagen: »Seht, wie großartig ich bin! So stehe ich da!« Das Auto soll signalisieren: »Schaut, wie ich, weiß Gott nicht billig, glänze! Welche Kraft! Welche Rasanz!« So will man in fehlgeleitetem Prestigedenken dem Nachbarn seine Macht, seinen Status und seinen beruflichen Erfolg klarmachen!

Von dem deutschen Pfarrer und Naturheilkundler Sebastian Kneipp, dem Begründer der Wasserkuren, weiß man im allgemeinen nur, daß er eine natürliche Ernährung und eine gesundheitsfördernde Lebensweise empfohlen hat. Vergessen ist im allgemeinen, daß er auch nahegelegt hat, sich einfach zu kleiden, einfach zu wohnen und überhaupt das Dasein einfach zu gestalten. Die vielen Kurgäste, die heutzutage Heilbäder besuchen und zwischen ihren Mahlzeiten Wasser treten, werden solche Forderungen für Verirrungen eines Naturapostels halten, die heute nicht mehr aktuell sind.

Doch Sebastian Kneipp wußte genau, daß Zufriedenheit und Ausgeglichenheit Selbstbescheidung voraussetzen. Psychohygiene ohne Mäßigung und Bescheidenheit gibt es nicht. Das heißt natürlich keineswegs, daß man auf alle Lebensgenüsse verzichten soll. Auch Askese kann krankhaft sein. Für diejenigen, die jeden modernen Komfort ablehnen, gilt das Sprichwort: »Wer jeden Genuß ablehnt, der wird selber bald ungenießbar.«

Die heilige HILDEGARD VON BINGEN, Äbtissin, Heilkundige und Mystikerin aus dem zwölften Jahrhundert, bremste den Übereifer ihrer Mitschwestern mit der klugen Devise: »Maßhalten, maßhalten! Auch in der Tugend!«

Wichtig ist es, die Mitte zu suchen, Extreme zu meiden, nach Ausgeglichenheit zu streben und sich in diesem Sinne fortgesetzt selbst zu korrigieren.

Die Schwierigkeit, sich selbst zu finden

Als die Römer in der Verfallszeit des größten Weltreiches der Antike in nähere Berührung mit den Germanen kamen, bewunderten sie sowohl deren gesunden, vortrefflichen Körper als auch deren erstaunliche charakterliche und sittliche Prägung. Sie wußten noch, daß Körper und Geist einander bedingen – das berühmte lateinische Zitat lautet: »Mens sana in corpore sano« (Ein gesunder Geist in einem gesunden Körper) – und daß diese gesunde Einheit zum Wohlbefinden des einzelnen und zu dem der Gemeinschaft beiträgt. Ihr Reich ging zugrunde, weil die diese Einheit voraussetzende Mitte verlorenging.

Die Frage ist, wie es heute dem einzelnen Menschen gelingt, den richtigen Weg zu sich selber zu finden. Vorbilder sind rar. Der Weg über Erziehung und Schule gibt in dieser Beziehung in der Regel nur wenig. Der junge Mensch wird hauptsächlich im Gebrauch seiner intellektuellen Fähigkeiten geschult – was in Ordnung wäre, geschähe das nicht so einseitig. Dann lernt er »sein Fach«, um *in seinem Beruf möglichst bald möglichst viel zu leisten und zu verdienen.*

In seiner Freizeit werden ihm die verschiedensten Möglichkeiten angeboten, sich völlig zu verlieren. Wer »verführt« auf dem Boden der Begeisterung oder der Einsicht den jungen Menschen, auch einmal in sich zu gehen und sich als körperlich und seelisch-geistig gesunde Persönlichkeit aufzubauen?

Viele von uns müssen heute in Produktionsstätten arbeiten, die kaum menschlicher sind als die Legebatterien für Hühner. Das Wesen des Menschen wird dort in der Regel nicht gefördert, sondern demoralisiert und abgestumpft. Kommt er abends nach Hause, so hindert ihn das Fernsehen an der so dringend gebotenen Selbstbesinnung und Sammlung. *Statt beglückender Selbstfindung und versöhnender Einsicht wird kritisiert und gefordert, denn wer schon hat, der will noch mehr.*

Jeder, der sein Leben lang von morgens bis abends in einem Büro sitzen oder am Fließband arbeiten muß, weiß, daß er mit Veränderungen seines Körperbaus rechnen muß, die zu außerordentlich schmerzhaften Schädigungen führen können. Genauso schädigend sind die Erregungen, die in der Regel das Fernsehen bietet; sie können die Seele nicht wirklich befriedigen. Es liegt auf der Hand, daß Mord und Totschlag oder das unechte Happy-End auf der Mattscheibe eigene seelische Erlebnisse nicht ersetzen können. Auch die Seele, die nicht geübt wird, verkümmert. Gütig, froh, einfühlsam, lauter, einsichtig kann man nur sein und bleiben, wenn man sich darin übt.

Konrad Lorenz, der bekannte österreichische Verhaltensforscher, beurteilt unsere Situation folgendermaßen:

»Die spezifisch menschlichen Eigenschaften sind im Begriff, rapide zu verfallen. Auf der ganzen Welt herrscht eine zunehmende Wertblindheit. Der kommerzielle Wettlauf hat unser Eigenleben in Besitz genommen und unsere Seele erfaßt. Die Menschheit ist so dumm, so unglaublich dumm, daß sie alle auf sich zukommenden Schatten wie ein unabdingbares Schicksal hinnimmt. Die Ursache der Wertblindheit, die uns in allen Teilen entgegentritt, kommt zum großen Teil von der Vermassung und dem engen Gebiet, das den einzelnen Menschen in ihrer individuellen Entwicklung noch verblieben ist.«

Früher sprach man von Wärme, wenn man seelische Ausstrahlung, Mitmenschlichkeit und liebevolles Verständnis meinte. Erst neuerdings benutzen wir in diesem Zusammenhang auch das Wort »Klima«. So gibt es heute ein Familienklima, ein Betriebsklima, ein politisches Klima usw.

Wo etwas wachsen, blühen und gedeihen soll, ist ein angenehmes, ausgeglichenes Mikroklima nötig. Dort, wo ein extremes Klima herrscht, kommt der Samen nicht einmal über die Keimung hinaus. Genauso geht es den wertvollsten Anlagen im Menschen, wenn diese klimatische Voraussetzung nicht erfüllt ist.

Jeder, der schon einmal ein Fieberthermometer benutzt hat, weiß, daß die Temperatur unseres Biosystems ganz genau festgelegt ist, nämlich bei den meisten Menschen auf 36,6 Grad Celsius. Ändert sich die Temperatur, so sind wir krank. Ändert sie sich gar um mehrere Grade, so sterben wir.

Genauso eng ist unser psychoklimatischer Spielraum. Mehr und mehr Menschen erliegen in unserem fortschrittlichen Sozialstaat schon in ganz jungen Jahren dem seelischen Kältetod, weil sich niemand angemessen um ihre Psyche kümmert. Die Körpertemperatur mag noch stimmen, die seelische Temperatur zeigt Null.

Unser Organismus verfügt über eine Reihe von Mechanismen, um nach Möglichkeit unsere Körpertemperatur auf Zehntelgrade genau konstant zu halten. Für unsere Seele müssen wir unter den gegenwärtigen Umständen in der gegenwärtigen Gesellschaft selber etwas tun, um uns ein gesundes und fruchtbares Psychoklima zu erhalten.

Unser Körper braucht Körperwärme wie das Ei die Brutwärme, der Nesthocker die Nestwärme, die Familie die Herzenswärme, die menschliche Gemeinschaft eine gewisse zwischenmenschliche Wärme. Wo der Intellekt an die Stelle der Wärme tritt, breiten sich Krankheiten aus.

Diese notwendige *Wärme entsteht nur dort, wo ein Mensch den Sinn seines Lebens gefunden hat.* Wie wichtig dieser Sinn für das persönliche Leben ist, das drückt der große österreichische Arzt und Psychotherapeut VIKTOR E. FRANKL folgendermaßen aus:

»Wovon der Mensch zutiefst und zuletzt durchdrungen ist, das ist weder der Wille zur Macht noch der Wille zur Lust – der Irrtum Freuds –, sondern der Wille zum Sinn! Und aufgrund dieses seines Willens zum Sinn ist der Mensch darauf aus, Sinn zu finden und zu erfüllen, aber auch anderem menschlichem Sein in Form eines Du zu begegnen, es zu lieben. Beides, Erfüllung und Begegnung, gibt dem Menschen einen Grund zum Glück und zur Lust.«

Die Aktualität der christlichen Lehre

Ein sinnvolles, lebenswertes Leben ist ohne Liebe nicht denkbar. Wohlbefinden setzt Liebe voraus. Sie ist unersetzbar. Sie ist das, was für eine gesunde Entwicklung am notwendigsten gebraucht wird. Der Säugling schreit nicht nur, weil er Hunger und Durst hat, sondern auch, weil er in den Armen der Mutter geborgen ihre liebevolle Fürsorge und ihre menschliche Wärme spüren möchte. Liebe ist notwendig, um dem hilflosen Kind seine Ängste zu nehmen.

Die Sehnsucht nach Geborgenheit und Liebe, nach wohlwollender Behandlung und tiefer menschlicher Beziehung bleibt ein Leben lang jedem von uns erhalten. Hinter allen auffallenden Äußerlichkeiten moderner Menschen stecken meistens ein wahrer Heißhunger nach Liebe und zugleich das quälende Unvermögen zu lieben, weil man selbst in der entscheidenden Zeit, in der Kindheit, Liebe nur unzureichend bekam.

Die großartigste Verstandeskultur kann die Liebe nicht ersetzen. Zwar ist Wissen Macht, aber *von der Macht allein wird keine Seele satt.*

Als während des Zweiten Weltkrieges einmal in Gegenwart von JOSEF STALIN der Papst erwähnt wurde, fragte der Diktator nur: »Wie viele Divisionen hat der Papst?« Nur an der äußeren Macht über die Menschen interessiert, konnte oder wollte er nicht wissen, welche Bedeutung der Papst für Katholiken hat.

Wir hingegen sollten den Unterschied zwischen politischer, wirtschaftlicher oder militärischer Macht auf der einen und seelischer Kraft auf der anderen Seite kennen.

Denn noch bezeichnet sich der überwiegende Teil der Bevölkerung als Christen. JESUS CHRISTUS verkündete das Heil der Menschen durch deren Hinwendung zur Liebe. Er machte sie seinen Nachfolgern zum Gebot. *Seine Botschaft ist eine Religion des Herzens.*

Wer an Christus glaubt, muß an das glauben, was er verkündete: Daß die Liebe unser wertvollster Besitz ist, daß in ihr die Erfüllung unseres Lebens und seiner über dieses Leben hinausgehenden Verheißungen liegt. *Seine Lehre ist unsere Problemlösung, unsere Therapie, unser ausstehender Fortschritt.*

Wenn Christen meinen, daß Jesu Lehre in die Kirche gehöre und mit Psyche, Psychoklima und Psychotherapie wenig zu tun habe, dann haben sie die Religion, der sie angehören, nicht verstanden. FRIEDRICH NIETZSCHE, den wir schon einmal zitiert haben, hat Gott für tot erklärt und das Christentum abgelehnt, aber er war ein guter Psychologe. Hellsichtig hat er einmal über die Christen gespottet, sie sähen alle so wenig fröhlich aus. Ihre Muffigkeit vertrage sich nicht mit der Zukunft, die Jesus ihnen verheißen habe.

Ich habe eine Reihe von Jahren in Kanadas hohem Norden verbracht, in einer sumpfigen, fast menschenleeren Urwaldregion, die andere verfluchten, in die ich selbst aber sofort verliebt war. Aufgrund dieser Liebe erschlossen sich mir die vielfältigen Reize und Schönheiten dieser kalten Weltgegend, von der ich rückblickend sagen kann, daß sie mir die reichsten und aufregendsten Jahre meines Lebens geschenkt hat.

Dort, in den ursprünglichen Jagdgründen eines nach unseren Begriffen bettelarmen Indianerstammes, lebte ich in einem Land des Lächelns. Man kann sich so zufriedene, frohe und ausgeglichene Menschen hier bei uns überhaupt nicht vorstellen.

Die Ursache ihrer positiven Lebenseinstellung war ihre *uneingeschränkte Bejahung allen Seins, der Mitmenschen und des eigenen Ich.* Bei uns gilt die vielsagende Parole: »Das Leben ist Kampf!« Dort, wo man viel mehr Grund hätte, vom Lebenskampf zu sprechen, käme man nie auf eine solche Idee, denn man kämpft nicht mit dem, was man liebt.

Außerdem verstanden sich diese Indianer des hohen Nordens wie die gertenzähen Tannen der Taiga auf die Kunst auszuweichen. Wären sie starr und unbeweglich, so könnten sie sich den dauernd wechselnden Lebensumständen nicht anpassen. An ihnen läßt sich zeigen, daß die Grundprinzipien der Psychohygiene – ausweichen, Überlastungen und sinnlose Widerstände vermeiden – mit den Geboten der Natur und dem Verhalten seelisch gesunder Naturmenschen übereinstimmen.

Damals erkannte ich, daß wir hierzulande oder vielleicht überhaupt in der von uns Weißen etablierten Kultur des Westens nach wie vor an Gewalt glauben und auf Ausbeutung aus sind. Es wird zwar viel von Liebe geredet, aber mit Liebe hat unser Verhalten meistens wenig zu tun.

Liebe macht die Menschen nicht »blind«, wie eine Redensart uns weismachen will; Liebe macht die Menschen positiv sehend. *Wir sollten deshalb die Kraft der Liebe nutzen,* die uns die Sinne öffnet für das Liebenswerte, das Gute und Schöne, die uns mit »neuen« Augen auf die Natur, jeden Baum, jede Blume, jedes Tier, jedes Kind, auf die Umwelt, die Mitmenschen und auf uns selbst blicken läßt.

Kraft Liebe nehmen wir Abschied vom Sehen und Doch-nicht-Sehen, vom Haben und Doch-nicht-Haben. Kraft Liebe können wir innerlich das in Besitz nehmen, was uns von Anfang an zugestanden war. Wir entdecken, wie reich wir uns ausnahmslos nennen dürfen – eine Wahrheit, der sich mehr Menschen verschließen denn je, weil sie nur noch auf das Kaufbare fixiert sind. Durch das kraft Liebe entdeckte Verhältnis zu allem Seienden wird uns unser gemeinsamer, unermeßlicher Besitz erst wieder richtig bewußt werden.

Wir sollten *lernen, alles Lieblose zu überwinden,* das uns innerlich und äußerlich ausraubt und uns und die ganze Welt großen Gefahren aussetzt. Zu etwas mehr Menschenfreundlichkeit und Verständnis, Wohlwollen und Toleranz ist jeder von uns, der guten Willens ist, fähig. Und jeder von uns ist imstande, innere Unbeteiligtheit und unmenschliche Sachlichkeit, die ihm womöglich von »Erfahreneren« als kluge Verhaltensweisen nahegelegt wurden, im Umgang mit seinen Mitmenschen abzulegen. Er wird feststellen, wieviel freundlicher auch für ihn selbst die Welt dann wird.

Niemand wird abstreiten wollen, daß in unserer Gesellschaft – für die wir selbst, jeder einzelne von uns, verantwortlich sind – die Lieblosigkeit bis zu der verhängnisvollen Einstellung vorgetrieben wurde, *Menschen zu gebrauchen und Dinge zu lieben.* Im Interesse des eigenen Wohlergehens müssen wir aber zur richtigen Verhaltensweise zurückfinden: die Dinge zu gebrauchen und die Menschen zu lieben.

Wer zustandebrächte, alles, was er tut, mit Liebe und aus Liebe zu tun, hätte mehr Chancen ein »glücklicher« Mensch zu werden als der wohlhabendste Mann im Lande. Er würde – um es mit einem guten alten Begriff auszudrücken – Segen um sich verbreiten und zwangsläufig auch selber Segnungen empfangen.

Liebe erhellt und veredelt alles. Sie hebt uns und diejenigen, die sie einbezieht, auf eine höhere Ebene des Seins. Sie verhilft uns zu einem Leben, in dem es durch die Hinwendung zum Mitmenschen und dessen Problemen für persönliche Wehleidigkeiten kaum noch Raum gibt, eine Tatsache, die in psychohygienischer Hinsicht von besonderem Wert ist.

Niemand hat das, was es über die Liebe zu sagen gibt, besser ausgedrückt als der Apostel PAULUS in seinem *Ersten Brief an die Korinther* im dreizehnten Kapitel:

»Wenn ich mit Menschen- und mit Engelzungen redete und hätte der Liebe nicht, so wäre ich ein tönend Erz und eine klingende Schelle. Und wenn ich weissagen könnte und wüßte alle Geheimnisse und alle Erkenntnis und hätte allen Glauben, also daß ich Berge versetzte, und hätte der Liebe nicht, so wäre ich nichts. Wenn ich alle meine Habe den Armen gäbe und ließe meinen Leib brennen und hätte der Liebe nicht, so wäre mir's nichts nütze.

Die Liebe ist langmütig und freundlich, die Liebe eifert nicht, die Liebe treibt nicht Mutwillen, sie blähet sich nicht, sie stellet sich nicht ungebärdig, sie suchet nicht das Ihre, sie läßt sich nicht verbittern, sie rechnet das Böse nicht zu, sie freuet sich nicht der Ungerechtigkeit, sie freuet sich aber der Wahrheit; sie verträgt alles, sie glaubt alles, hoffet alles, sie duldet alles.

Die Liebe höret nimmer auf, so doch die Weissagungen aufhören werden und die Sprachen aufhören werden und die Erkenntnis aufhören wird. Denn unser Wissen ist Stückwerk und unser Weissagen ist Stückwerk. Wenn aber kommen wird das Vollkommene, so wird das Stückwerk aufhören.

Da ich ein Kind war, da redete ich wie ein Kind, war klug wie ein Kind und hatte kindische Anschläge; da ich aber ein Mann ward, tat ich ab, was kindisch war. Wir sehen jetzt durch einen Spiegel in einem dunklen Wort; dann aber von Angesicht zu Angesicht. Jetzt erkenne ich stückweise; dann aber werde ich erkennen, gleich wie ich erkannt bin.

Nun aber bleibt Glaube, Hoffnung, Liebe, diese drei; aber die Liebe ist die größte unter ihnen.«

Das anschließende vierzehnte Kapitel beginnt folgerichtig mit der Aufforderung: »Strebet nach der Liebe!«

Der Apostel hatte diese Erkenntnis nicht von Anfang an. Ursprünglich wollte er die Christen verfolgen. Erst später wurde aus dem Saulus ein Paulus. Das Beispiel zeigt uns, daß ein Umdenken und in dessen Folge eine Verhaltens- und Kurskorrektur möglich sind.

Wo der gute Wille allein nicht hilft, können geeignete Methoden des autogenen Psychotrainings auf den richtigen Weg zu einem neuen Lebenssinn führen. Dabei geht es in erster Linie darum,

- das Selbstvertrauen zu stärken;
- ein gesundes Selbstwertgefühl zu erlangen;
- Ängste auszuschalten;
- psychische Störungen und psychosomatische Leiden zu überwinden,

- die seelischen Stützpfeiler Glaube, Hoffnung und Liebe zu untermauern,
- den Charakter zu stabilisieren.

Erst dann kann ein Ich entstehen, das in sich harmoniert und in der Lage ist, von außen kommende destruktive oder krankmachende Einflüsse abzuwehren.

KAPITEL 5

Auch du kannst dich entspannen!

Was ist autogenes Psychotraining?

Im autogenen Psychotraining benutzen wir zwei Selbstbeeinflussungsmethoden, die sich gegenseitig ergänzen:

1. Die konzentrative Entspannung, die sich zunächst körperlich einstellt, dann aber auch geistig-seelisch auswirkt;
2. die Autosuggestion, mit der wir über das Wort psychosomatische Bewirkungen herbeiführen, die weit über den Entspannungs- und Beruhigungseffekt hinausgehen. Wir prägen uns mit Hilfe konkreter Formeln Inhalte ein, die selbsttätig (autogen) körperliche und geistig-seelische Wirkungen zeitigen und die allgemein wie auch gezielt eingesetzt werden können.

Diese Methoden kann jedermann erlernen, aber sie fallen niemandem in den Schoß. *Training bedeutet ja auch nichts anderes als Übung mit dem Ziel, es zu besonderer Befähigung oder Leistung zu bringen.*

So einfach die Anweisungen für das autogene Psychotraining auch klingen mögen, in der Praxis erweisen sie sich anfangs für viele Menschen als recht schwierig, und zwar insbesondere für diejenigen, die diese Selbsthilfemethoden am allernötigsten brauchen. Schwierig ist es oft schon, auch nur im geringsten die Muskeln zu entspannen. Jeder Anfänger wird zwangsläufig eine gewisse Zeit brauchen, bis er imstande ist, für seinen ganzen Körper einen spannungsfreien Zustand herbeizuführen. Doch wer trainiert ist, vermag sich auf ein Stichwort hin innerhalb weniger Sekunden vollständig zu entspannen.

Entspannung und Lebensführung

Ein solches Training hat jedoch nur dann einen Sinn und kann nur dann fortschreitend den ganzen Menschen auflockern, wenn der Übende ernsthaft gewillt ist, von Lebensgewohnheiten, die ihn schädigen, Abschied zu nehmen. Was würde einem Sportler das beste Training nützen, wenn er gleichzeitig durch einen ausschweifenden Lebenswandel seine Gesundheit ruinierte?

Genauso muß klar sein: Wer zuviel Alkohol oder Nikotin konsumiert, wer sich nicht genügend Schlaf gönnt oder das Bett nur dazu benutzt, um die ganze Nacht vor sich hin zu grübeln, der darf von diesen Selbsthilfemethoden nicht viel erwarten.

Besonders wichtig sind ein guter Schlaf und eine natürliche Fröhlichkeit. Die Natur hat es so eingerichtet, daß wir im Schlaf, um uns zu regenerieren, von selbst abschalten und uns entspannen. Und nichts löst erfahrungsgemäß Verkrampfungen besser als ein befreiendes Lachen. *Schlaf und Fröhlichkeit sind die wertvollsten psychohygienischen Hausmittel der Natur,* auf die niemand verzichten kann.

Im Zustand der Entspannung wird unser Biosystem vom sympathischen auf das parasympathische Prinzip, vom »Tagnerv« auf den »Nachtnerv« umgestellt. Durch Übungen zur konzentrativen Entspannung können wir erreichen, daß auch tagsüber kurzfristig, wenn notwendig, der vegetative Steuerungsmechanismus auf Entspannung und Schlaf umgestellt wird, so daß wir uns regenerieren können.

Der deutsche Lyriker und Arzt GOTTFRIED BENN hat einmal gesagt, der Schlaf sei das beste Schönheitsmittel der Natur. Sie hat ihn uns als therapeutische Pflichtübung ins Leben einprogrammiert. In unserer Zeit ist jedoch das Leben so hektisch geworden, daß wir ständig überfordert sind und die seit Jahrmillionen eingespielten Erholungsphasen oftmals nicht mehr ausreichen, daß sich unser Biosystem wieder erneuert. Viele Menschen erwachen daher morgens nicht, wie es sein sollte, in dem angenehmen Gefühl neuer Kraft und Freude, sondern, als hätten sie gar nicht geschlafen, völlig zerschlagen.

Das Angebot der industriellen Leistungsgesellschaft übt jedoch auf viele unserer Mitbürger einen solchen Reiz aus, daß sie lieber die Nacht zum Tage machen, um möglichst viel zu erleben, als den regelmäßigen Schlaf zu suchen. So verkürzen sie noch das Drittel unseres Lebens, das die Natur für den Schlaf bestimmt hat.

Der Volksmund hat den Vers gebildet: »Die Ruhe sei dem Menschen heilig, nur Verrückte haben's eilig!« Die Wissenschaft hat die Berechtigung dieses Sprichwortes nachgewiesen. So hat man des öfteren in Laboratorien Versuchspersonen unter Kontrolle den Schlaf bewußt entzogen. Es dauerte nicht lange, und schon stellten sich die ersten Störungen ein. Der Ausbruch ernsthafter Psychosen ist sehr oft mit einem extremen Mangel an Schlaf in den Tagen zuvor gekoppelt.

Es lohnt sich auch, uns einmal bewußtzumachen, daß das Wort Entspannung, das wir hier im Zusammenhang mit der Funktion des Schlafes beziehungsweise mit autosuggestiven Methoden gebrauchen, auch in anderen Bereichen des täglichen Lebens verwendet wird, insbesondere zum Beispiel in der Politik. Entspannungspolitik zwischen Ost und West wird seit der Ära des amerikanischen Präsidenten John F. Kennedy gepredigt, also seit Beginn der sechziger Jahre. Jetzt, über zwanzig Jahre danach, hat sich unter diesem Motto immer noch nicht viel getan. Nach wie vor gibt es überall auf der Welt Spannungen schlimmster Art.

Wenn in diesem Buch empfohlen wird, sich zuerst einmal mit sich selbst zu beschäftigen und zu versuchen, sich selbst zu entspannen, dann geschieht das nicht in der Absicht, eine Aktivität des öffentlichen Lebens zu verketzern, vielmehr um bessere Voraussetzungen zu schaffen, daß wir den Anspannungen standhalten können, denen wir im Leben dauernd ausgesetzt sind.

Es gibt jedoch auch *eine Möglichkeit, sich in die Welt hinauszubegeben, um sich dort zu entspannen: in der Natur.* Wo viele Menschen zusammenkommen, entsteht Unruhe. Wo viele Bäume zusammenstehen, ergibt sich eine Einheit gelebter Ruhe. So besteht die einfachste Entspannungsmethode darin, sich gelegentlich von seinen Mitmenschen abzukehren und sich in die Ruhe des Waldes zurückzuziehen.

Dorther, aus Wald und Flur, kommen wir ursprünglich.

Daher sind die Eindrücke, die unsere Sinne dort empfangen, therapeutisch so wirkungsvoll. Daher empfinden wir die Geräusche, die Düfte, die Farben, die wir in der Natur erleben, immer als harmonisch und schön. Das Grün der Wiesen und Wälder ist die Farbe der geistigen Befriedigung, das Blau des Himmels die Farbe der friedvollen Geborgenheit.

Das Ziel von Entspannung und Autosuggestion

Schulärzte haben festgestellt, daß bereits achtzig Prozent der Abc-Schützen Haltungsfehler aufweisen. Die Statistiken der Krankenkassen weisen nach, daß bei neunzig Prozent aller Erwachsenen, die eine körperliche Fehlhaltung aufweisen, eine krankhafte innere Haltung hinzukommt. Auch hier gilt, was wir früher schon einmal festgestellt haben: Wie innen so außen – und umgekehrt.

Friedrich von Hardenberg, der deutsche Romantiker, der sich NOVALIS nannte, hat über diese Zusammenhänge sehr viel nachgedacht und unter anderem geschrieben: »Wie kann ein Mensch Sinn für etwas haben, wenn er nicht den Keim davon in sich hat.«

Berühmt ist auch das Dichterwort JOHANN WOLFGANG VON GOETHES:

»Wär nicht das Auge sonnenhaft,
Die Sonne könnt' es nie erblicken.
Läg nicht in uns des Gottes eigne Kraft,
Wie könnt uns Göttliches entzücken?«

Wir dürfen davon ausgehen, daß ein solcher Zusammenhang wirklich existiert, denn er ist heute dank der modernen naturwissenschaftlichen Methoden experimentell nachweisbar und meßbar. Die Ergebnisse eines richtig angesetzten Entspannungstrainings beruhen nicht auf irgendwelchen Hirngespinsten. Wer Entspannung übt, entspannt sich tatsächlich.

Die Muskulatur wird schlaff, schlaffer als im Nachtschlaf, der ja mitunter auch recht unruhig sein kann. Auch die geistig-seelischen Spannungen lösen sich auf, Sorgen, Angst und Unruhe verflüchtigen sich, die inneren Wogen glätten sich.

Alle inneren energetischen Abläufe sinken. Im Zustand der Entspannung ist das Schrittmaß der Schongang. Aufgrund der konzentrativen Entspannung öffnet sich die Seele und ist bereit, autosuggestive Impulse aufzunehmen.

Vordergründig ist zunächst das *Ziel der Entspannungsübungen:*

- Uns auf ein Stichwort hin und schließlich sogar ohne ein solches Stichwort unmittelbar und vollständig entspannen zu können;
- zu einer aufrechten und gelassenen Haltung zu gelangen, und zwar geistig, seelisch und körperlich;
- in der Lage zu sein, uns routinemäßig in kürzester Zeit in einen für die Selbstbeeinflussung günstigen Zustand zu versetzen.

Tiefverwurzelte psychosomatische Störungen können allerdings nicht allein durch ein Entspannungstraining behoben werden. *In solchen Fällen muß eine geeignete Autosuggestion weiterhelfen.* Sie setzt erst recht voraus, daß der Trainierende bereit ist, falls notwendig, störende Alltagsgewohnheiten zu ändern.

Die Folgen einer unvernünftigen Lebensführung lassen

sich auch mit Autosuggestion nicht beheben, wenn die Bereitschaft fehlt, an der Lebensführung selbst etwas zu ändern. Dies wäre ja gerade so, als würde sich jemand eine halbe Flasche Schnaps hinter die Binde gießen und sich zur Vermeidung der zwangsläufigen Folgen suggerieren: »Mein Kopf wird immer klarer und klarer.« So geht es natürlich nicht!

Wenn es sich beispielsweise ein Rentnerehepaar nicht antun möchte, sich draußen in Wind und Wetter müdezulaufen oder gar müdezuarbeiten, aber statt dessen seinen infolge Inaktivität trägen Kreislauf abends durch einen starken Kaffee aktiviert, dann ist das ziemlich unvernünftig. Das gleiche muß man sagen, wenn ältere Leute vor dem Flimmerkasten etliche kleine Nickerchen halten, die durchaus die Hälfte ihres Nachtschlafes decken können.

Und wer streng arbeitet und ohnedies schon angespannt ist, der sollte nicht jeden Abend im Fernsehen einen Krimi konsumieren und schließlich auch nicht im Bett, anstatt zu schlafen, stundenlang über das Geschäft oder die Kinder nachgrübeln, die natürlich alles falsch machen. *Auch die beste Autosuggestion kann eine vernünftige Lebensführung nicht ersetzen.* Es gilt auch hier die altbekannte Weisheit: »Hilf dir selbst, dann hilft dir Gott!«

Im folgenden wenden wir uns der Methodik des autogenen Psychotrainings zu. Zuerst erlernen wir die Technik der konzentrativen Entspannung, dann die Technik der Autosuggestion. Für alle, die auf diesem Gebiet mehr erfahren und mehr zustandebringen möchten, werden dann weitere Methoden und Techniken erörtert und dargestellt, die ebenfalls dazu verhelfen können, Körper, Geist und Seele zu entspannen und uns neue Kräfte zuzuführen.

Zweiter Teil: Praktische Übungen

O Sohn des Menschen!

Viele deiner Tage sind dahingegangen,
und es galt dir nur das eigene Verlangen
voll Wunsch und Wahn.
Wie lange noch
willst du auf deinem Lager schlafen?
Wache auf, denn hoch am Mittag
steht die Sonne und will auch dir
mit dem Licht der Schönheit scheinen!

Verborgene Worte des Baha'u'llah
Aus »Morgengabe der Besinnung«
Ariston Verlag

KAPITEL 6

Die Technik der konzentrativen Entspannung

Zunächst ein allgemeiner Hinweis: Es ist ratsam, anfangs mit einer anderen Person gemeinsam zu üben, wobei die Anleitung von einer der beiden Personen im Wechsel ausgeführt wird.

Vorbereitungen

Wählen Sie für Ihre Übungen einen ruhigen Raum, der nach Möglichkeit gut zu verdunkeln ist, und gehen Sie wie folgt vor:

- Beengende Kleidung ablegen oder lockern, Schuhe ausziehen.
- Schultern mehrere Male heben und fallen lassen, Arme ausschütteln.
- Sich bequem hinlegen, eventuell ein dünnes Kissen unter den Nacken legen.
- Sich räkeln und strecken; überprüfen, ob die Lagerung wirklich bequem ist.

- Augenlider schließen, tief und gleichmäßig atmen; so atmen, daß man sich atmen hört.
- Der Körper liegt unverkrampft auf der Unterlage, dabei kippen die Füße automatisch nach außen.
- Die Arme sind leicht gewinkelt, die Finger gekrümmt; der Kopf ist locker gelagert.
- Die Halsmuskeln sind entspannt; die Stirn ist geglättet, die Augen sind entkrampft; die Zähne werden nicht aufeinandergebissen.
- Der ganze Körper liegt bewegungslos und schwer auf der Unterlage.
- Sich gut auf die nachfolgenden Übungen konzentrieren. Gedanken werden beiseitegelassen.

Entspannung der Hände

Sie konzentrieren sich jetzt auf die rechte Hand (bei Linkshändern auf die linke Hand; die Arbeitshand gehorcht uns am besten).

- Rechte Hand langsam ganz fest zur Faust schließen und ebenso langsam wieder öffnen.
- Beobachten, was dabei vor sich geht: den Unterschied zwischen Anspannung und Entspannung bewußt empfinden.
- Dasselbe noch einmal. Beim Wiederöffnen der Hand spürt man angenehm das Dahinschwinden der Spannung.
- Die rechte Hand liegt nun regungslos, locker und schwer auf der Unterlage.
- Es entsteht das Gefühl, daß die Hand fallen will, je-

doch durch Gegendruck von unten am Fall ins Leere gehindert wird.
- Jetzt die rechte Hand spreizen, so weit es geht.
- Locker lassen und den Zustand der Entspannung genau erfassen.
- Wiederholung.
- Die rechte Hand ist nun völlig entspannt. Sie verbleibt in diesem Zustand und wird liegen gelassen.
- Konzentration auf die linke Hand. Diese jetzt langsam fest zu einer Faust schließen und nach einigen Sekunden langsam wieder öffnen.
- Das gleiche ein zweites Mal.
- Dann, wie vorher die rechte Hand, spreizen, locker lassen und wiederholen.
- Auch die linke Hand schwer und vollkommen entspannt liegen lassen.

Zwischenkontrolle

Der ganze Körper ruht reglos und schwer auf der Unterlage. Sie sollten sich vollkommen entspannt fühlen.
- Überprüfen, ob nicht doch noch einige Muskelpartien spürbar angespannt sind (besonders die Gesichtsmuskeln und die Schulter-Nacken-Muskulatur neigen dazu, sich unbemerkt zu verkrampfen).
- Gegebenenfalls Stirn glätten und darauf achten, daß Augen und Mund lose geschlossen sind.
- Versuchen, den Schultergürtel und die Halsmuskulatur bis zur Spannungslosigkeit zu lockern.
- Der Atem geht ruhig und gleichmäßig.

Entspannung der Arme

Konzentrieren Sie sich nun auf die Arme.

- Beide Arme zugleich nach oben beugen, so als würde man ein am Fußende befestigtes Seil zu den Schultern ziehen.
- Beim Anwinkeln der Arme die Hände zur Faust ballen und den Bizeps (Muskel am vorderen Oberarm) möglichst fest anspannen.
- Spannung kurz halten, Arme wieder ausstrecken und lockern.
- Wiederholen.
- Nun die Handflächen fest auf die Liege drücken, so daß sich die Unterarmmuskeln und der Trizeps (Muskel am hinteren Oberarm) fest anspannen.
- Locker lassen und wiederholen.
- Arme und Hände liegen nun wieder schwer und entspannt auf der Unterlage.
- Die Entspannung vertieft sich noch; die Arme werden schwerer und schwerer.
- Die Arme sind unbeteiligt an den weiteren Vorgängen und werden regungslos liegen gelassen.

Entspannung der Schultern und des Rückens

Nun konzentrieren Sie sich auf den Schultergürtel.

- Schultermuskulatur anspannen und Schultern gleichzeitig fest auf die Unterlage drücken; dann locker lassen.
- Wiederholung.

- Gleichmäßig und ruhig durchatmen.
- Nun die Schultern so weit wie möglich nach vorn (oben) ziehen und erneut Schultermuskulatur anspannen.
- Fallen lassen und wiederholen.
- Jetzt Oberarme fest seitlich gegen den Brustkorb pressen.
- Locker lassen und Wiederholung.
- Danach sind die lose herabgesunkenen Schultern und die Arme wieder vollkommen entspannt.
- Nun den Rücken durchwölben – Hohlkreuz machen –, so daß der gebogene Rumpf von Gesäß, Nacken und Armen abgestützt wird.
- Rückenmuskulatur maximal anspannen und locker auf die Unterlage zurückfallen.
- Jetzt das gleiche noch einmal: Wirbelsäule durchbiegen, Rücken anspannen, sich fallen lassen.

Zwischenkontrolle

Ihr Rumpf, Ihre Arme und Beine ruhen regungslos und schwer auf der Liege.

- Überprüfung der Gesichtsmuskulatur; Augen und Mund sind nach wie vor leicht geschlossen, die Stirn ist glatt.
- Genick und Schultergürtel sind in allen Partien frei von motorischen Spannungen.
- Die Schwere des Kopfes, der Arme, der Beine, des ganzen Körpers ist gut zu empfinden.
- Der Atem geht ruhig und gleichmäßig.

Entspannung der Beine

Konzentrieren Sie sich jetzt auf die Beine, vor allem auf die Unterschenkel und Füße.

- ○ Fußspitzen so weit wie möglich nach unten (vom Körper weg) strecken.
- ○ Unterschenkelmuskulatur anspannen und wieder locker lassen.
- ○ Wiederholung.
- ○ Fußspitzen stark zum Körper hinbeugen, Unterschenkel dabei fest anspannen.
- ○ Locker lassen und wiederholen.
- ○ Füße vom Körper wegdrücken, als wolle man etwas mit den Fußsohlen fortschieben – so weit wie möglich.
- ○ Oberschenkel und Gesäßmuskulatur fest anspannen, Knie durchdrücken.
- ○ Locker lassen und wiederholen.
- ○ Die Beine sind jetzt vollkommen entspannt; sie werden schwer und bewegungslos liegen gelassen.

Entspannung der Hals- und Gesichtsmuskulatur

Die folgenden Übungen werden ohne Beteiligung des Rumpfes vollzogen.

- ○ Kopf nach vorn nehmen und Kinn fest auf die Brust drücken.
- ○ Kopf zurücksinken lassen.
- ○ Wiederholung.
- ○ Hinterkopf und Nacken fest auf die Unterlage drükken, Genickmuskeln dabei maximal anspannen. Lok-

ker lassen und wiederholen.

- Kopf seitwärts zur rechten Schulter drehen und fest nach rechts drücken.
- Locker lassen und wiederholen.
- Nun die gleiche Übung nach links.
- Den Kopf zurücksinken lassen, bequeme Ausgangsstellung einnehmen.
- Erspüren, wie die Halsmuskulatur jetzt vollkommen entspannt ist und wie schwer der entspannte Kopf ist.
- Zähne mit mittlerer Kraft aufeinanderbeißen.
- Loslassen und wiederholen.
- Lippen zusammenpressen.
- Loslassen und wiederholen.
- Mund spitzen (Lippen kräuseln).
- Locker lassen und wiederholen.
- Mundwinkel weit auseinanderziehen.
- Zurückgleiten lassen und wiederholen.
- Augenlider zusammenpressen.
- Locker lassen und wiederholen.
- Fühlen, wie die Augenlider entspannt auf den Augen aufliegen.
- Augenbrauen zusammenschieben, so daß sich über der Nasenwurzel die Haut faltet.
- Lockern und wiederholen.
- Augenbrauen nach oben ziehen (Stirn runzeln).
- Locker lassen und wiederholen.
- Bei nach wie vor geschlossenen Augen die Augäpfel so weit wie möglich nach oben, nach unten, nach rechts und nach links bewegen.
- In die Ruhestellung zurückgleiten lassen und wiederholen.

Letzte Kontrolle

Sie kontrollieren nun in Gedanken den ganzen Körper von oben nach unten durch, um festzustellen, ob irgendwo Restspannungen vorhanden sind oder ob sich in der Zwischenzeit muskuläre Verkrampfungen »zurückgeschlichen« haben.

- Besonders Augen, Stirn, Kaumuskeln, Nacken, Schultern, aber auch Rücken, Gesäßmuskulatur und die Gliedmaßen beachten.
- Der entspannte Körper liegt schwer auf der Unterlage.
- Der Atem geht gleichmäßig und ruhig.

Schlußphase

Sie liegen jetzt ganz still und denken an nichts.

- Ruhig und gleichmäßig weiteratmen; so atmen, daß man Ihr Atmen hört.
- Den Körper in seiner Schwere von hundert, hundertfünfzig oder gar zweihundert Pfund empfinden.
- Mit zunehmender Konzentration auf das Eigengewicht hat man das Gefühl, schwerer und schwerer zu werden, weil die Empfindung der Realität immer näherkommt.
- Sich fallenlassen und sich sagen: »Ich sinke mit jedem Atemzug immer tiefer und tiefer in die Entspannung.«

Tatsächlich kann auch die nach außen hin vollkommene Entspannung fortschreiten, das heißt über die muskuläre Entkrampfung hinausgehen. Sie ist steigerungsfähig, weil sie sich im Bereich des Psychischen zu vertiefen und auszubreiten vermag.

Abschluß

Sie befinden sich jetzt am Ende Ihrer Übung. Beschließen Sie diese wie folgt:

- Tief einatmen; sich räkeln und strecken.
- Augen öffnen; sich langsam aufsetzen und aufrichten.

Bei einer gelungenen konzentrativen Entspannung fühlt sich der Übende ausgeruht, unternehmungslustig und frisch.

Weitere Hinweise

Diese ausführlich erklärte Übung der konzentrativen Entspannung dauert etwa zwanzig bis dreißig Minuten. Dem völlig Unerfahrenen, vor allem dem allein Übenden, sei geraten, dieses Training schrittweise zu erarbeiten. Es beginnt mit der Entspannung der Hände, dann folgen die Arme, dann der Schultergürtel, der Rücken usw. Jeder Entspannungsabschnitt ist eine Übung, die am folgenden Tag am jeweils nächsten Körperabschnitt fortgesetzt wird.

Es ist sinnvoll, die Effektivität der relativ kurzen Teilentspannungen dadurch zu erhöhen, daß man sich nach der letzten Lockerung der entsprechenden Muskelgruppen gedanklich etwa zwanzigmal – zum Beispiel – vorsagt: »Meine Arme werden schwerer und schwerer.«

Nach einigen Monaten werden Sie soweit fortgeschritten sein, daß Sie die Entspannung des ganzen Körpers, wie vorstehend dargelegt wurde, in einem durchführen können.

Wenn nicht täglich, so sollte doch wenigstens zwei- bis

dreimal wöchentlich abends auf einer Couch oder im Bett geübt werden. Die fortschreitende Beherrschung der konzentrativen Entspannung ist unter anderem abhängig vom Konzentrationsvermögen und der Vorstellungskraft des Übenden. Niemand braucht sich entmutigen zu lassen, wenn es ihm anfänglich unmöglich erscheint, sich zu sammeln, stillzuliegen und andere Gedanken ganz aus dem Spiel zu lassen.

Sie sollten sich bei den Übungen in eine individuelle, bildhafte Vorstellung vertiefen, die Ihnen für ein angenehmes Entspanntsein ideal erscheint. Das könnte zum Beispiel eine Sommerwiese mit blauem Himmel und ruhig dahinziehenden Wolken sein. Dieses Bild sollten Sie dann für alle Zukunft in unveränderter Form am Anfang jeder Entspannungsübung zublenden.

Schalterfunktion hat dabei eine auslösende Formel wie »Locker werden«, »Entspannen« oder »Fallenlassen«. Beide Einprägungen – Bild und Einschaltformel – sind unerläßlich, wenn nach einiger Übung das Ziel der Sofortentspannung einmal erreicht werden soll. Das Stichwort wird schließlich ausreichen, eine im Handumdrehen stattfindende Entspannung wie eine Kettenreaktion ablaufen zu lassen.

Sobald Sie das Gefühl haben, die ausführliche Form der konzentrativen Entspannung gut zu beherrschen, können Sie zu einer vereinfachten, etwa viertelstündigen Version übergehen. Die Kurzform ergibt sich aus der Fortlassung der Wiederholungen und etwa folgenden Zusammenfassungen:

- Konzentration auf beide Hände und Arme zugleich,
- Entspannung des Rückens und der Beine in einem,

- gleichzeitige Entspannung von Gesicht, Halsmuskulatur und Schultern.

Endziel ist die bereits mehrfach angeführte außerordentliche Befähigung, sich in jeder Situation physisch und psychisch spontan und vollkommen zu entspannen.

KAPITEL 7

Anleitungen zur Autosuggestion

Voraussetzung

Beurteilt man die Autosuggestion nach den wenigen unbedingt erforderlichen Anweisungen, so scheint sie auf sehr einfachen, leicht erlernbaren Techniken zu beruhen. Tatsächlich ist es im Regelfall aber so, daß der Unerfahrene sich geduldiger Übung befleißigen muß, um sich diese wirksamste aller Selbstbeeinflussungsmethoden anzueignen und jenes Gespür zu erlangen, aus dessen Vertiefung die Beherrschung erwächst.

Voraussetzung für die Wirksamkeit der Autosuggestion ist die konzentrative Entspannung. Mit anderen Worten: Die Relaxation ist Bestandteil und Basis der Selbstbeeinflussung durch Suggestivformeln.

Die Couésche Generalformel

Sie bleiben nach dem Abschluß Ihrer Übungen zur konzentrativen Entspannung bewegungslos mit geschlossenen Augen liegen. Sie müssen sich vornehmen, für die wenigen

Minuten der jetzt folgenden Sammlung vollkommen abzuschalten.

Vergegenwärtigen Sie sich einen Schalter, der zwar bis zum Anschlag heruntergedreht war, aber jetzt erst, mit nur geringem Aufwand, ganz ausgeklinkt wird. Oder Sie können, wenn Sie weniger technisch ausgerichtet sind, sich Ihre Gedankenwelt als einen ruhenden See vorstellen, auf dessen spiegelnder Oberfläche sich absolut nichts bewegt.

Dann sollten Sie sich die jeweilige Suggestivformel zwischen zwanzig- und dreißigmal halblaut vorsagen. Sprechen Sie ohne jeden Nachdruck und ohne jeden Willensaufwand. Statt des Sprechens genügt auch ein leises Flüstern oder ein rein gedankliches Einprägen des Inhalts der Suggestivformel unter Mitbewegung der Lippen.

Über die Macht des Wortes und die gebündelte Wirkung der Autosuggestion ist in Kapitel 3 (Motiviere dich selbst!) bereits alles Wesentliche gesagt worden. In jedem Fall sollten Sie mit der Couéschen Generalformel beginnen. Also: *»Es geht mir von Tag zu Tag in jeder Hinsicht immer besser und besser.«* Sie sagen sich das in normalem Sprechtempo, unbetont, gleichmäßig und monoton vor. Anschließend folgt die unumgänglich wichtige Formel: *»Ich bin ich.«* Danach abermals: »Es geht mir von Tag zu Tag in jeder Hinsicht immer besser und besser.« Diese Formeln wiederholen Sie, wie gesagt, zwanzig- bis dreißigmal.

Nach hinreichender Übung können diese Formeln zusammengefaßt werden: »Ich bin ich. Es geht mir . . .«

Die Kombination mehrerer Formeln

Da möglichst wenige Suggestivformeln auf einmal eingeprägt werden sollten, können spezifische individuelle Probleme zunächst nur abwechselnd ein über den anderen Tag angesprochen werden.

Aber auch in solchen Fällen sollte immer die Coué-Formel vorausgehen. Zum Beispiel: »Es geht mir von Tag zu Tag in jeder Hinsicht immer besser und besser.« Anschließend: *»Ich bin froh, zuversichtlich und stark.«* (Eine ideale Kombination zur Überwindung von Depressionen.)

Am darauffolgenden Tag beziehungsweise zu anderer Tageszeit kann dann zum Beispiel, wieder je zwanzig- bis dreißigmal, eingeprägt werden: »Es geht mir . . .«, »Ich bin ich« und eventuell dann nochmals »Es geht mir . . .«

Grundsätze

Sie können und sollen sich auch die für Sie angebrachtesten Suggestivformeln selbst zurechtschneidern. Dabei sollten Sie einige Grundsätze aufs peinlichste beachten:

1. *Die Suggestivformel muß das erwünschte Resultat als vollendete Tatsache zur Aussage haben.*
   Auf diesem vorweggenommenen Ist-Effekt beruht wesentlich die Wirkung von Suggestivtexten! Also: »Ich bin . . .«, nicht: »Ich werde sein . . .«, und schon gar nicht: »Ich will . . .«
2. *Der Wille muß aus dem Spiel bleiben.*
   Der Versuch, mit willentlichem Aufwand der Suggestion Nachdruck zu verleihen, wird deren Inhalt und

Wirkung mindestens teilweise außer Kraft setzen, wenn nicht völlig blockieren. Noch nie hat jemand sein Stottern oder seine Schlafstörungen damit überwunden, daß er sich einhämmerte: »Ich will nicht mehr stottern!« beziehungsweise: »Ich will jetzt schlafen!« Im Gegenteil: Das Krampfhafte, das jedem Willensaufwand anhaftet, wirkt krampfsteigernd, erhöht die Befangenheit und reizt nur den inneren Widerstand, sich verstärkt zu behaupten. In der Autosuggestion – und nicht nur da – kann mit Druckmitteln im positiven Sinne nachweislich nichts bewegt werden!

3. *Die Suggestivformel soll möglichst kurz sein.*
   Je knapper und einprägsamer ein Suggestivinhalt formuliert ist, um so durchschlagender ist er in seiner Wirkung. Kombinationen mit der Couéschen Generalformel sind immer günstig, doch sollten mehr als zwei Formelsätze nach Möglichkeit nicht kombiniert werden, und von mehr als drei verschiedenen Suggestionen sollte man auf jeden Fall absehen.
4. *Keine negativen Begriffe!*
   Die Feststellung von Schmerz, Nervosität, Angst oder die Festhaltung eines in der Suggestion angegangenen Problems sind in Selbstbeeinflussungstexten unbedingt zu vermeiden, weil solchen »Negativposten« große Suggestivkraft zukommt und allein schon deren Erwähnung sperrend wirkt. Man formuliert also nicht: »Ich will nicht mehr stottern, Stottern macht mich krank.« Richtig ist die positiv gefaßte Suggestion: »Ich spreche unbefangen, frei und fließend.«

Dies sind die Punkte, die bei der Formulierung von Suggestivformeln unbedingt berücksichtigt werden müssen.

Vertrauen ist notwendig

Nicht weniger wichtig ist die Beachtung eines weiteren Punktes, der über Erfolg oder Mißerfolg der Autosuggestion wesentlich mitentscheidet. Wie die aufgeführten »Negativposten« so beinhalten auch Zweifel ein so großes – und negatives – Suggestivpotential, daß sie jede andere positive Suggestion im Keim ersticken. Autosuggestion ohne Vertrauen seitens des Suggerierenden hat keinerlei Wirkung!

Es geht um das Vertrauen in die Methodik, das Vertrauen in die Korrekturfähigkeit der eigenen Persönlichkeit und in die Heilfähigkeit des eigenen Organismus, das Vertrauen in die im Unterbewußtsein schlummernden Kräfte und, natürlich auch, um ein gesundes Selbstvertrauen.

Bei vielen Menschen wirkt hervorragend die bejahende Suggestivformel *»Ich vertraue«* oder auch schon das aufrichtende simple *»Ja«*.

Eine ähnlich wirksame positive Umpolung erzielen wir auch mit der Formel *»Ich glaube an ...«* Mit dem Suggestivsatz *»Ich liebe ...«* kann das positivste Vermögen des Menschen stärker gefördert und aktiviert werden als mit weiß Gott wie großem Reformwillen, denn am Schräubchen der inneren Einstellung muß gedreht werden, wenn sich äußerlich eine Wendung zum Guten einstellen soll.

In allen seelischen Notlagen, bei Heilblockaden, bei psychosomatischen Störungen bewährt sich die Couésche Generalformel noch immer am allerbesten. Die innere Einrichtung unseres Organismus, die vermöge ihrer zahlreichen Kontrollsysteme Fehlfunktionen, Schwachstellen und Gefahren auszumachen vermag, weiß ganz genau, wo es fehlt und wohin sie das einströmende In-jeder-Hinsicht-immer-besser-und-besser zu lenken hat.

Unser Biosystem weiß auch, was es von Fall zu Fall selbst tun kann. Es verlangt aber von uns, daß wir mit Geist und Gemüt voll hinter der Korrektur stehen, und registriert, wenn wir – die wir selbst oft das Krankhafte heraufbeschwören und unterhalten – nun das Heilsame herbeirufen und ehrlich wünschen, daß es uns ganz beherrsche.

Gezielte Beeinflussung

Natürlich können Sie schon bald versuchen, ein funktionsgestörtes Organ positiv zu beeinflussen. Sie sollten zu diesem Zweck die Arbeitshand auf die entsprechende Körperstelle legen und als Heilsuggestion nachfolgende Formulierungen verwenden:

Bei Störungen im Bauchbereich: *»Mein Bauch wird von heilenden Energien durchströmt. Alles hat seinen gesunden Ablauf.«*

Bei Herzbeschwerden: *»Mein Herz schlägt ruhig, gleichmäßig und kräftig. Es arbeitet völlig normal.«*

Bei Asthma und anderen Atmungsbeschwerden: *»Es beatmet mich ganz normal: tief, regelmäßig und ruhig.«*

Bei Konzentrationsschwäche und geistiger Müdigkeit: *»Mein Kopf ist frisch, meine Gedanken sind klar und scharf.«*

Kopfschmerzen und Schlafstörungen zählen zu den häufigsten und hartnäckigsten Beschwerden unserer modernen Leistungsgesellschaft. Wegen der vielfältigen und schwer durchschaubaren Hintergründe behandeln wir sie mit der Couéschen Generalsuggestion.

Im übrigen gelten chronische Schlafstörungen fast immer als vom Betroffenen selbst mitverschuldet (Beispiel: Grüblersymptom). Sind Unzufriedenheit und Sorgen als Mitursachen nicht auszuschließen, so versuche man es mit dem Zusatz: *»Ich bin froh, zuversichtlich und stark.«*

Bei Ängsten, nervöser Übererregung und Lampenfieber bewährt sich die Kombinationsformel: *»Ich bin ganz ruhig und gelassen. Ich bin jeder Situation gewachsen.«*

Fehlsuggestionen

Autosuggestion ist in vielen Fällen nur deshalb geboten, weil Fehlsuggestionen, das heißt schädigende Einflußnahmen seitens Dritter (Fremdsuggestionen) oder seitens des Betroffenen selbst (Autosuggestionen), vorausgingen.

Wir wissen, daß Worte aufrichten, stärken, erfreuen können. Sie können aber auch kränken (krankmachen), verletzen, beleidigen (seelisches Leid zufügen). Zahlreiche Eltern, Lehrer und Erzieher unterhöhlen Leistungsfähigkeit und Erfolgsstreben junger Menschen mit *destruktiven Suggestionen*, die unfehlbar zu Minderwertigkeitskomplexen und Ängsten führen müssen: »Aus dir wird nie etwas!« – »Du bist dumm und bleibst dumm!« – »Was kann man von dir auch schon Besseres erwarten!«

Doch destruktiv ist auch die Wirkung eigener, autosuggestiv vertiefter Überzeugungen: »Dazu habe ich kein Talent« – »Das schaffe ich nie!« und dergleichen mehr. Kein

Wunder, daß Versagensangst und Fehlleistung die Folge sind.

Man hört auch heute noch Mütter über ihre Kinder regelrechte Verwünschungen aussprechen. Schimpfwörter wie »Dummkopf«, »Ekel«, »Blödmann«, »Nichtsnutz«, »Taugenichts« sind alles andere als harmlos; es sind dies Fehlsuggestionen in Kurzform, die unter Umständen ein ganzes Leben lang nachwirken.

Es ist daher für uns alle ein zwingendes Gebot der Menschlichkeit, anderen, insbesondere abhängigen oder uns schutzbefohlenen Personen, nicht durch Worte zu schaden. Das Wort ist mächtig – wir sollten es nicht mißbrauchen.

Viel erwarten!

Sie tun gut daran, von der Autosuggestion viel zu erwarten. Wenn Sie wollen, so erwarten Sie ruhig »Wunder«. (Wem es gelingt, mit einer Selbsthilfemethode an sich Änderungen zu erzielen, von denen er längst nicht mehr zu träumen gewagt hat, der kann dies in der Tat wie ein Wunder an sich erfahren!) Doch erwarten Sie solche »Wunder« nicht gleich! Es bleibt zu bedenken, daß es sich um meist tiefverwurzelte seelisch-geistige Fehlhaltungen und Konflikte oder meist ebenfalls tiefsitzende psychosomatische Störungen handelt, die mit Hilfe des in diesem Buch aufgezeigten autogenen Psychotrainings behoben werden sollen.

Ein neues Innenweltbewußtsein, eine fundierte positive Grundhaltung und die Fähigkeit, zu entspannen und an uns die heilsame Wirkung der Autosuggestion zu erfahren, versetzen uns in die Lage, seelisch-geistig und körperlich ausgeglichen und fit zu sein. Dieser einfache und in unseren Zeiten bemerkenswert ungefährliche Weg der Selbsthilfe steht uns allen offen.

KAPITEL 8

Die Technik des autogenen Trainings

Die Droschkenkutscher-Haltung

Mit autosuggestiven Formeln wird auch im autogenen Training gearbeitet. Es geht, wie schon gesagt, auf den Berliner Nervenarzt JOHANNES HEINRICH SCHULTZ zurück. Die Legende erzählt, er habe sich durch eine – im Berlin der zwanziger Jahre alltägliche – Beobachtung anregen lassen:

Was machen die Droschkenkutscher, wenn sie längere Zeit auf Kundschaft warten müssen? Sie sitzen völlig entspannt auf ihrer Bank, den Kopf etwas gesenkt, die Augen halb geschlossen, den Mund halb geöffnet, den Rücken gekrümmt, die Arme auf den Oberschenkeln, die Schenkel etwas gespreizt. So halten sie es stundenlang aus. Sie verbrauchen in dieser Haltung keine Energie, sind nicht ungeduldig, sondern fit in dem Moment, wo sie gebraucht werden.

Die Technik war also im Prinzip schon bekannt. Ich erinnere mich an einen älteren Herrn, Jahrgang 1880, der sich von klein auf daran gewöhnt hatte, sich nach dem Mittagessen in einen Sessel entspannt zu setzen, die Augen zu schließen und auf rätselhafte Weise genau fünfzehn Minuten tief zu schlafen, um anschließend frisch und erholt wieder zu erwachen.

Aber J. H. Schultz' Verdienst ist es, als erster zielführende Techniken ausgearbeitet zu haben. Sie wurden unter dem Titel *Das autogene Training* in einem umfangreichen Fachwerk vom Georg Thieme Verlag in Stuttgart, Erstauflage 1932, veröffentlicht.

Vorbereitung

Wer schon die Techniken der konzentrativen Entspannung oder der Autosuggestion geübt hat, bringt gute Voraussetzungen für das autogene Training mit. Das gilt aber auch umgekehrt. Deshalb erscheint an dieser Stelle ein kurzes Eingehen auch auf das autogene Training notwendig. Der Einfachheit halber wiederholen wir jedoch hier nicht alles das noch einmal, was bereits in Kapitel 6 über die konzentrative Entspannung oder in Kapitel 7 über die Autosuggestion gesagt worden ist; wir beschränken uns im folgenden vielmehr auf das, was im Hinblick auf das autogene Training neu und besonders zu beachten ist.

Der Anfänger sollte es nicht gleich mit der Droschkenkutscher-Haltung versuchen. Jeder von uns kann im Laufe eines Tages ein Plätzchen finden, und sei es erst abends vor dem Schlafengehen im eigenen Bett, wo er sich der Länge nach entspannt und ruhig hinlegen kann, nach Möglichkeit auf eine warme, aber feste Unterlage. Weiche Lotterbetten sind ungeeignet. Der Vorteil, im Liegen zu üben, ist unübersehbar: viele Muskelgruppen sind in dieser Lage ganz automatisch entspannt. Wer Fortschritte gemacht hat, kann immer noch dazu übergehen, im Sitzen zu üben. Es gibt wahre Künstler des autogenen Trainings, die es fertigbringen, sich noch hinter dem Steuer im Auto zu entspannen, wenn die Ampel auf Rot ist.

Das autogene Training wird immer mit der Formel eingeleitet: *»Ich bin vollkommen ruhig.«* Diese Formel wird auch zwischen jeder einzelnen Übung – es sind insgesamt sechs – wiederholt. Die Formeln werden natürlich nicht »heruntergeschnurrt«, sondern langsam und mit Bedacht gesprochen, aber nicht laut, sondern in sich hinein. Die erste Formel hat den Sinn, den ganzen Organismus allmählich ruhigzustellen. Das gelingt sicher nicht beim ersten Mal, aber bei stetiger Übung.

Üben sollten Sie mindestens einmal am Tag. Am besten nehmen Sie sich anfangs dafür eine Viertelstunde Zeit.

Ändern Sie nicht die Reihenfolge der Übungen, lassen Sie keine Übung aus. Besonders: Ändern Sie nicht den Wortlaut der Formeln! Prägen Sie sich die Formeln genau ein. Schon kleine Änderungen können unerwünschte Effekte hervorrufen.

Die Schwereübung

Stellen Sie sich Ihren rechten Arm vor, versuchen Sie, sich in Ihren rechten Arm hineinzufühlen. (Linkshänder üben entsprechend mit dem linken Arm.) Dann sagen Sie die Formel: »Mein rechter Arm ist ganz schwer.«

Zwischen den Formeln machen Sie eine Pause. Jede

Formel wiederholen Sie sechsmal. Bis hierhin lautet also die Übung folgendermaßen:

- *»Ich bin vollkommen ruhig«* .... einmal
- *»Mein rechter Arm ist ganz schwer«* ....sechsmal
- *»Ich bin vollkommen ruhig«* .... einmal

Durch diese Übung werden die Muskeln entspannt und schlaff. Ein Fachmann kann ohne weiteres nachprüfen, ob die Übung bei Ihnen ihren Zweck erreicht, wenn er im Anschluß an die Übung zum Beispiel Ihren rechten Arm hochhebt.

Wenn Sie diese Schwereübung des öfteren machen, wird sich im rechten Arm das autosuggestiv induzierte Schweregefühl einstellen. Anschließend variieren Sie die Übung in bezug auf den linken Arm, auf das rechte, dann auf das linke Bein und schließlich auf den ganzen Körper.

Die Wärmeübung

Sie stellen sich wiederum Ihren rechten Arm vor und bedienen sich der neuen Formel: »Mein rechter Arm ist ganz warm.« Die Übung verläuft also wie folgt:

- *»Ich bin vollkommen ruhig«* .... einmal
- *»Mein rechter Arm ist ganz warm«* ....sechsmal
- *»Ich bin vollkommen ruhig«* .... einmal

Wie bei der Schwereübung wird anschließend die Formel variiert auch auf den linken Arm, dann die Beine und schließlich auf den ganzen Körper angewendet.

Aufgrund der eintretenden Entspannung erweitern sich bei dieser Übung die Blutgefäße; mehr Blut dringt in die Glieder und erzeugt so das Gefühl der Wärme. Diese

Technik ist daher zum Beispiel auch für Bergsteiger sehr wichtig, die bei tiefer Kälte biwakieren müssen.

Die Herzübung

Sie wissen schon, wie empfindlich das Herz auf alle seelischen Regungen reagiert. Daher kann man auch mittels des autogenen Trainings sich auf das Herz konzentrieren und etwas über sein Herz erfahren. Die Kraft des Herzes macht sich schließlich im ganzen Körper bemerkbar. Man kann den Herzschlag mit einiger Übung überall im Körper spüren, selbst in den Zehenspitzen. Daher ist es auch möglich, durch die Formel »Mein Herz schlägt ganz ruhig und gleichmäßig« Körper und Seele zu harmonisieren. Diese Übung läuft dann wie folgt ab:

- *»Ich bin vollkommen ruhig«* .... einmal
- *»Mein Herz schlägt ganz ruhig und gleichmäßig«* ....sechsmal
- *»Ich bin vollkommen ruhig«* .... einmal

Manche Menschen werden in der Nacht geweckt, weil ihr Herz so laut schlägt. Sie hören es sozusagen zu deutlich. Andere haben ihr Herz sozusagen vergessen. Sie merken nichts von ihm. Für beide ist diese Übung gleich wichtig: Der Übernervöse wird sich beruhigen, denn es ist ja nur gut, wenn sein Herz ruhig und gleichmäßig schlägt. Und wer bis jetzt noch gar nichts von seinem Herz weiß, kann es nun entdecken und über sich selbst mehr erfahren. Nur sollten wir uns hüten – gerade beim Herz –, die Formel zu ändern, um womöglich das Herz nach unserem Willen zu beeinflussen. Das könnte schiefgehen!

Die Atemübung

Die Lunge atmet, wie das Herz selbsttätig schlägt, automatisch. Der Rhythmus wird allerdings durch unsere jeweiligen Anstrengungen leicht verändert. Die Formel der Atemübung lautet:

○ *»Ich bin vollkommen ruhig«* .... einmal
○ *»Mein Atem geht ganz ruhig und gleichmäßig«* sechsmal
○ *»Ich bin vollkommen ruhig«* .... einmal

Erfahrungsgemäß fällt es jedoch vielen Menschen schwer, in den Minuten, da sie üben, tatsächlich gleichmäßig und ruhig zu atmen. Jetzt beginnen sie plötzlich, willkürlich zu atmen. Wer solche Schwierigkeiten hat, kann auf die folgende Formel umsteigen:

○ *»Es atmet mich«* .... sechsmal

Diese Formel macht deutlich, daß nicht ich atme, sondern ich sozusagen beatmet werde. Es ist ein tauglicher Versuch, die Willkür auszuschalten und zum automatischen Atmen zurückzukehren.

Die Sonnengeflechtübung

Manchen Leuten »schlägt es auf den Magen«. Wenn sie sich aufregen, fängt ihr Magen an zu schmerzen. Schlimmstenfalls erwerben sie sich auf diese Weise eine Magenschleimhautentzündung oder gar ein Magengeschwür. Die Bedeutung des Magens wird auch dadurch illustriert, daß in manchen alten Kulturen der Glaube verbreitet war, der Magen sei der Sitz der Seele. Anderen Menschen »läuft die Galle über«, oder sie haben »ein flaues Gefühl im

Bauch«. Wie auch immer: Unsere in der Bauchhöhle lokalisierten Organe reagieren außerordentlich empfindlich auf alles, was mit uns geschieht.

Das Nervenzentrum der Bauchhöhle heißt Sonnengeflecht oder Solarplexus und liegt hinter dem Magen. Wir können es mit der folgenden Übung erreichen:

- *»Ich bin vollkommen ruhig«* .... einmal
- *»Mein Sonnengeflecht ist strömend warm«*.... sechsmal
- *»Ich bin vollkommen ruhig«* .... einmal

Da dieses vegetative Zentrum vielen Menschen völlig unbekannt ist und vielleicht auch Sie erstmals davon hören, bedarf es einiger Übung, um tatsächlich eine Wirkung zu erzielen. Daher sind in diesem Fall ausnahmsweise einige Hilfestellungen erlaubt: Stellen Sie sich zum Beispiel vor, Sie liegen am Strand, und die Sonne scheint Ihnen angenehm und warm auf Ihren Oberbauch, also etwa auf die Gegend zwischen dem unteren Ende des Brustbeins und dem Nabel. Wenn Ihnen eine solche Urlaubsvorstellung für Ihren Übungszweck zu unglaubhaft erscheint, dann können Sie sich auch vorstellen, daß Sie ein Glas heißen Tee auf leeren Magen trinken.

Die Kopfübung

Jeder von uns kennt die Redensart, man solle »einen kühlen Kopf behalten«. Genau darum geht es in dieser Übung. Haben wir bis jetzt meistens Wärme suggeriert, so sollte mit dieser Übung erreicht werden, daß wir mit einem kühlen Kopf schließen. Die Kühle beschränkt sich allerdings auf die Stirn. Wir können das Erlebnis der

Kühle schneller erreichen, wenn wir uns vorstellen, daß ein leichter kühler Atem unsere Stirn streift. Die Formel lautet:

- ○ *»Ich bin vollkommen ruhig«* .... einmal
- ○ *»Meine Stirn ist angenehm kühl«* ....sechsmal
- ○ *»Ich bin vollkommen ruhig«* .... einmal

Falls Ihnen die Suggestion der Kühle nicht gleich gelingen will, können Sie die Stirn mit Alkohol oder Kölnischwasser befeuchten.

Zurücknehmen!

Vergessen Sie nicht, zum Schluß die von Ihnen suggerierten Empfindungen zurückzunehmen. Das ist wichtig, damit diese nicht über das Training hinaus weiterwirken. Wenn Sie während der Übungen regelmäßig von unangenehmen seelischen oder körperlichen Störungen heimgesucht werden, sollten Sie nicht weiterüben, sondern das autogene Training in Gegenwart eines Fachmannes lernen. Kurse werden heute überall angeboten, zum Beispiel auch von Volkshochschulen. Das ist nicht teuer.

Die Formel für das Zurücknehmen lautet:

- ○ *»Arme fest! Tief atmen! Augen auf!«*

Dabei sollten Sie Ihre Arme einige Male beugen und strecken, tief durchatmen und schließlich die Augen weit öffnen. Wenn Sie einige Übung im autogenen Training erlangt haben, dann fühlen Sie sich nach dem Zurücknehmen frisch und erholt.

Auf die Zurücknahmeformel können Sie verzichten,

wenn Sie anschließend schlafen wollen oder während der Übung heftig gestört worden sind.

Wer autogenes Training geübt hat und sich täglich darin weiterübt, dem werden auch die in den nächsten Kapiteln beschriebenen Methoden der Betrachtung und Meditation leichterfallen, obwohl diese nicht auf Suggestion beruhen.

KAPITEL 9

Einführung in Betrachtung und Meditation

Die Aufgaben der Gehirnhälften des Menschen

Jedes menschliche Gehirn besteht aus zwei Hälften, einer linken und einer rechten. Im allgemeinen merken wir von dieser Tatsache nichts. Tatsächlich sind beide Hälften im Normalfall miteinander gekoppelt, versehen aber trotzdem ganz verschiedene Aufgaben. Meistens wird heutzutage die linke Gehirnhälfte stärker herausgefordert. Sie ist im besonderen Maße für das *logische Denken* zuständig.

Eine gute Nutzung der linken Gehirnhälfte setzt voraus, daß man Symbole – zum Beispiel Buchstaben, Worte, ganze Sätze, aber natürlich auch Zahlen und Zahlenkombinationen – richtig entschlüsseln kann. Was »links« passiert, geht Verstand und Intellekt an. Je besser die theoretische Schulung im Umgang mit Buchstaben und Zahlen ist, um so größer ist der Effekt.

Das, was wir menschlichen Fortschritt nennen – so zweifelhaft er uns mitunter heute erscheint –, ist ohne die linke Gehirnhälfte undenkbar. Jedes mathematische, naturwissenschaftliche und technische Denken ist auf sie angewiesen. Im Zeitalter der elektronischen Datenverarbeitung spricht man auch von der digitalen Gehirnhälfte. Dort wird nicht nur zwischen Ja und Nein, sondern auch zwischen Plus und Minus unterschieden.

Die rechte Gehirnhälfte ist dementsprechend die analoge. *Analoges Denken* setzt nicht voraus, daß man Symbole und Zeichen entschlüsseln kann. Wer einmal begriffen hat, welche Gestalt ein Baum hat, um nur ein Beispiel zu nennen, ist in der Lage, alle Bäume als Bäume zu erkennen, gleichgültig ob es sich um Tannen oder Birken, Föhren oder Buchen handelt. Das analoge Denken erlaubt es uns, aus den anschaulichen Vergleichen Urteile zu gewinnen. Die rechte Gehirnhälfte ist daher auch zuständig zum Beispiel für die kreativen, insbesondere künstlerischen Tätigkeiten, aber genauso auch für die sozialen Beziehungen zwischen den Menschen.

Wie gesagt, werden heute von vielen Menschen die beiden Gehirnhälften sehr unterschiedlich trainiert und ausgenutzt. So beklagen zum Beispiel zu Recht viele Eltern, daß zur Zeit in den Schulen einseitig das abstrakte Denken, sprich: das digitale Denken, die linke Gehirnhälfte, gefördert wird, wogegen die Phantasie, sprich: analoges Denken, die rechte Gehirnhälfte, zu kurz kommt.

Trotz oder wegen dieses einseitigen Trainings kann man immer wieder erleben, daß die zuvor beschriebenen autosuggestiven Methoden von einer größeren Anzahl von Menschen nicht gut angenommen werden beziehungsweise durch andere Methoden zumindest ergänzt werden müssen. Tatsächlich erfolgt ja bei der Autosuggestion die

Entspannung nur, wenn man mit Hilfe seines Intellekts die Bedeutung von Worten eingesehen hat.

Zum Glück kennen wir aber auch eine Fülle von Entspannungs- und Meditationsmethoden, die auf analogem Denken beruhen und daher in vielen Fällen für einen gewissen Ausgleich sorgen können. Diese analogen Methoden sind zum Teil uralt. Wir finden sie seit jeher in der christlichen Kirche verbreitet, aber genauso auch bei den fernöstlichen Kulturen. Sie sind daher ebenso erprobt wie die autosuggestiven Methoden.

Von der Betrachtung zur Meditation

Im Rahmen des hier entwickelten autogenen Psychotrainings erscheint es als unerläßlich, auch auf das Phänomen der Meditation näher einzugehen. In den vorstehenden Kapiteln haben wir gelernt, wie wir uns in zwei Schritten – erstens konzentrative Entspannung, zweitens Autosuggestion – entspannen und seelisch-geistig wie auch körperlich beeinflussen können. Bei den mehr analog orientierten Methoden finden wir ebenfalls dieses Zweischrittschema. Der erste Schritt heißt im allgemeinen Betrachtung und der zweite Schritt Meditation.

Der erste Schritt ist, wie wir sehen werden, relativ einfach zu tun. Aber auch die Meditation ist als reine Technik erlernbar. Allerdings muß darauf hingewiesen werden, daß letzten Endes jede Meditation, wenn sie auf Dauer wirksam werden soll, eine *religiöse Bindung* voraussetzt. Damit meine ich nicht eine Zugehörigkeit zu einer bestimmten Kirche, Konfession oder Religion, sondern, entsprechend der ursprünglichen Bedeutung des lateinischen Wortes *religio*, eine Rückbindung an eine übergeordnete göttliche Macht. Die Meditation ist keine Religion und auch kein Religionsersatz. Sie ist aber ein guter Weg zur Vertiefung unseres Lebens.

Auch schon die autosuggestiv herbeigeführte wirksame Entspannung setzt letztlich diese Besinnung auf etwas voraus, das größer ist als wir. In der Meditation tritt dieser Zusammenhang nur vielleicht deutlicher hervor. Viele Segenswünsche des *Neuen Testamentes* übermitteln uns diese Botschaft, so zum Beispiel PAULUS im vierten Kapitel des *Briefes an die Philipper:* »Und der Friede Gottes, welcher höher ist denn alle Vernunft, bewahre eure Herzen und Sinne in Christo Jesu!«

Der berühmte französische Denker BLAISE PASCAL hat das gleiche anschaulich so ausgedrückt: »Das Herz hat seine Gründe, die der Verstand nicht kennt.«

Das Ziel der Meditation

Die Meditation steht wie alle anderen Methoden der Entspannung und inneren Sammlung bei manchen Leuten in dem schlechten Geruch, die Aufmerksamkeit von dem Geschehen in der Welt abzulenken und zu einer unproduktiven »Nabelschau« zu führen. Diese Ansicht ist deswegen so schwer zu widerlegen, weil es auch so schwer ist zu beschreiben, was Meditation eigentlich ist.

Auf dem Weg über die Betrachtung zur Meditation hin wird nicht über etwas Bestimmtes nachgedacht im Sinne von logischem Analysieren. Die Absicht ist vielmehr, absichtslos zum Beispiel ein Bild anzuschauen und zu warten, was sich aus der Versenkung in das Bild eventuell ergibt. Das Ergebnis wird immer in einer *Selbsterfahrung* bestehen, die dem Meditierenden Kraft gibt, weil die Meditation seine Kreativität anregt.

Künstlerische Prozesse verlaufen ähnlich, und vor vielen Kunstwerken sind wir deswegen genauso ratlos, wenn wir die suggestive Wirkung ihres Inhaltes mit Worten analysieren sollen. Nicht die Analyse des Kunstwerkes verhilft uns zu seinem Verständnis. Zuerst müssen wir ein Kunstwerk erleben.

Der Philosoph und Friedensforscher CARL FRIEDRICH VON WEIZSÄCKER, hat uns berichtet, daß ein indischer Weiser, GOPE KRISHNA, einigen jungen Europäern auf die Frage, ob Meditation nicht Weltflucht sei, geantwortet hat: »Je mehr ich die Europäer über Meditation reden höre, desto mehr empfinde ich, daß ich ihnen eigentlich davon abraten muß. Die verstehen ja gar nicht, worum es geht. Lesen sie in ihren Heiligen Schriften, sie finden das gleiche wie in unseren: Du sollst deinen Mitmenschen lieben, du sollst Gott lieben, du sollst in deinen Mitmenschen Gott lieben. Und alles andere ist überflüssig. Nirgends steht, du sollst meditieren. Wenn du aber Gott lieben willst und deinen Mitmenschen, und du entdeckst die große Wahrheit, daß Meditieren dir dazu verhelfen kann und eine ganz entscheidende Hilfe sein kann, dann sollst du meditieren, und wenn du das nicht entdeckst, sollst du es bleibenlassen.«

Genauso hat RAMANA MAHARESHI geantwortet auf die Frage: »Was kann ich tun, um die Welt zu ändern?« Seine Antwort lautete: »Ändere dich, und du änderst die Welt.«

Genau die gleiche Ansicht vertritt ein deutscher Kenner des Yoga, Professor N. HAUER, wenn er schreibt: »Zum Selbst führen keine psychotechnischen Zugänge, sondern nur das Leben. Allerdings ein Leben, das sich zwischen Welthinkehr und Einkehr in die Stille rhythmisch bewegt. Echter Yoga ist nichts anderes als echte Einkehr, um des Lebens Tiefe zu ergründen ... Wer sich des Lebens äußerer Wirklichkeit und dem konkret Gegebenen in vorgegebener Sehnsucht nach dem Innern entzieht, den stößt die Wirklichkeit nach unerbittlichen Gesetzen aus ihrer schaffenden Gemeinschaft aus.«

Natürlich ist es möglich, durch die Flucht in die Meditation die Welt zu meiden. Säulenheilige und in der Wüste lebende Eremiten liefern solche Beispiele. Aber, abgesehen davon, daß es auch andere Arten der Weltflucht gibt, wie viele Ausnahmefälle dieser Art gibt es? Wer von uns kennt einen solchen Menschen? Für die allermeisten von uns dürfte Meditation ein Weg sein, der – im Unterschied zur modernen Leistungsgesellschaft – den *ganzen Menschen* fordert und dazu führt, daß dieser ganze Mensch in Zukunft ausgeglichener ist und aus seiner Mitte heraus in der Welt erfolgreicher und nützlicher aktiv werden kann.

Passive und aktive Techniken

Im folgenden finden Sie eine Fülle von Vorschlägen, die Sie auch nach eigenen Ideen weiter ausbauen können. Man könnte sie unterteilen in passive und aktive Techniken, was sich an einigen Beispielen leicht demonstrieren läßt.

Sie können in Ihren Garten gehen und sich in die Erscheinung von Blumen versenken. Sie können aber genausogut auch in Ihrem Garten selbst ein Blumenbeet anlegen. Sie können sich darauf beschränken, Musik zu hören; Sie können aber auch, selbst wenn Sie glauben, unmusikalisch zu sein, selbst musizieren. Sie können Texte lesen, die sich für die Meditation eignen; Sie können aber auch selbst geeignete Texte erfinden. Sie können Bilder betrachten, aber genausogut auch selbst Bilder malen.

Wer Entspannung und innere Sammlung sucht, hat die Auswahl zwischen einer Vielzahl von Wegen. Passive Techniken sind nicht schlechter als aktive, aber wer selbst kreativ tätig ist, fühlt sich vielleicht im Vorteil – zu Recht oder auch zu Unrecht. Daher empfiehlt es sich für Sie, bald dies, bald jenes zu versuchen: Sie finden schon heraus, wo Sie die größte Erfüllung finden.

Vorbereitende Schritte

Soweit es möglich ist, sollten Sie einige Mühe darauf verwenden, eine Atmosphäre zu schaffen, in der eine ruhige, ungestörte Betrachtung und Meditation möglich sind. Zuerst einmal sollten Sie alles ablegen, was hinderlich ist und beengt. Dazu gehören zum Beispiel Brille, Schlips, Gürtel, enge Schuhe, kneifende Strümpfe, unter Umständen auch die Armbanduhr und Schmucksachen.

Man kann die ruhigen Minuten, die der Betrachtung und Meditation gewidmet sind, auch dadurch betonen und ihnen einen besonderen Wert verleihen, daß man zu dieser Gelegenheit immer ein bestimmtes Gewand trägt.

Am besten eignen sich dafür ein leichter Morgenmantel oder ein Kimono. Ein Kimono ist vielleicht besser, weil er uns dank seiner Fremdartigkeit hilft, daß wir uns leichter aus dem Alltag lösen können.

Nach Möglichkeit sollten Sie sich so einrichten, daß die stillen Minuten immer auf die gleiche Tageszeit fallen. Besonders gut eignen sich die Morgenfrühe, der späte Nachmittag und die Zeit vor dem Einschlafen. Mit anderen Worten: Gut sind die Zeiten, bevor wir essen oder lange nachdem wir gegessen haben. Die Redensart »Ein voller Bauch studiert nicht gern« ist auch auf unsere Bemühungen anwendbar.

Soweit ein geschlossener Raum der Ort der Besinnung ist, sollte er gut gelüftet sein. Eine Verdunkelung ist im allgemeinen nicht notwendig. Für die Meditation eignen sich auch ruhige Plätze in der Natur, auch solche in Gärten, Parkanlagen und in Friedhöfen. Ebenso bieten sich Kirchen an. Sie stehen im allgemeinen jedermann offen und sind oft vollkommen leer.

Wer nicht gelernt hat, sich im Lotus- oder Fersensitz niederzulassen, sollte sich einen festen, altmodischen Stuhl ohne Lehnen nehmen. Wichtig ist, daß die Stuhlbeine hoch genug sind, damit die Knie nicht höher stehen als das Becken. Versuchen Sie es auch einmal mit dem Schneidersitz mit einem dicken Kissen unter Ihrem Schwerpunkt.

Oft wird es vorkommen, daß Sie gerade von einer anstrengenden Tätigkeit zurückkehren, wenn Sie ein paar Minuten der Besinnung einschieben wollen. Dann empfiehlt es sich, zuerst einmal zu prüfen, ob Ihre Muskulatur und die Gelenke locker und entspannt sind. Wie man das macht, das können Sie im einzelnen in Kapitel 6 über die konzentrative Entspannung nachlesen.

Da wir meistens den Kopf beschäftigen, ist es ratsam, seine besondere Aufmerksamkeit dem Kopf zu schenken. Sind die Augen ermüdet? Mitunter hilft es schon, sie auszuwaschen oder sie mit den Fingerspitzen vorsichtig zu massieren. Es tut auch gut, sich fest die Hände zu reiben und sie anschließend auf die Augen zu legen. Genießen Sie die Wärme und Dunkelheit!

Viele Menschen wissen gar nicht, wie verkrampft ihre Kaumuskeln sind. Hier hilft nur eine regelmäßige Massage des Unterkiefergelenks mit dem Daumen rund um den Bezirk vor den Ohrläppchen. Sehr wirksam ist es auch, öfters einmal ein Lächeln zu üben.

Sitzt der Kopf locker auf Hals und Schultern? Bisweilen ist es schon nützlich, wenn man den Kopf nach vorne fallen läßt und ihn dann vorsichtig und langsam im Kreise bewegt, zuerst zehnmal linksherum und dann zehnmal rechtsherum. Wenn es mitunter ein bißchen knackt, so ist das nicht schlimm. Es darf allerdings – sonst wären die Wirbel nicht mehr in Ordnung – nicht weh tun. Schließlich kann es auch etwas bringen, mit den Fingern die Kopfhaut zu massieren, als wolle man sich kräftig die Haare waschen.

Sie werden im Laufe der Zeit selber merken, was Sie tun müssen, damit nicht durch Verkrampfungen und Verspannungen der Weg zu einer ruhigen Betrachtung und Meditation verbaut wird.

Die folgenden Empfehlungen, die beiden Schritte zur Betrachtung und Meditation einzuleiten, sind in der Regel ungefährlich. In der Regel heißt hier wie überall: Man kann alles mißbrauchen! Wer bereits unter einer Neurose im pathologischen Sinn leidet, sollte sich grundsätzlich nicht ohne Anleitung an die Erforschung seiner Psyche machen.

KAPITEL 10

Übungen in Betrachtung und Meditation

Textmeditation

Im Hinblick auf die schon erfolgte Erörterung der Autosuggestion ist es vielleicht am sinnvollsten, mit der Textmeditation zu beginnen. Auf diese Weise werden sofort die Übereinstimmungen, aber sicher auch die Unterschiede, die zwischen der Autosuggestion und der Meditation bestehen, deutlich zutage treten.

Wenn Ihnen meditative Erfahrungen noch fremd sind, so nähern Sie sich der Meditation am besten über einfache Schlüsselwörter wie zum Beispiel Liebe, Treue, Vertrauen, Hoffnung. Dabei sollten Sie sich jeweils nur an ein Wort für jede Übung halten, nicht etwa an mehrere!

Was soll nun passieren? Was sollen Sie nun machen? Sie sollen gar nichts machen, und gerade das ist für viele Menschen schwierig. Nachdem Sie, wie im vorstehenden Kapitel beschrieben, Ihre Vorbereitungen getroffen haben, setzen Sie sich bequem, aber einigermaßen aufrecht hin und versenken sich in dieses Wort. Sie sollen es – und das gilt auch für die folgenden Übungen – nicht etwa analysieren, wissenschaftlich auseinandernehmen, in andere Sprachen übersetzen und zurückübersetzen oder was auch immer. Sie können sich höchstens fragen, welchen Wert zum Beispiel Liebe in Ihrem Leben hat, wo Sie sie erfahren haben, wo Sie sie gegeben haben. Das ist schon viel und auch schon alles!

Wichtig ist, daß Sie versuchen, sich bei Ihrer abwartenden inneren Sammlung nicht zu verkrampfen. Ungeduld ist nicht am Platz. Es ist kein Unglück, wenn Ihre Gedanken abschweifen; aber versuchen Sie, Ihre Aufmerksamkeit immer wieder auf das gewählte Wort zu lenken.

Das also ist der auffallendste Unterschied zwischen der Autosuggestion und der Meditation: Bei der Autosuggestion setze ich zunächst meinen Verstand ein und suche ein Wort oder Worte, die ich mir bewußt vorsage. Bei der Meditation gehe ich *absichtslos, das Unbewußte öffnend*, einen mir unbekannten Weg in der Hoffnung, daß meine Seele einen Schlüssel findet.

Betrachtung, innere Sammlung und Meditation verlangen Übung. Ohne regelmäßige Übung wird sich nicht viel ereignen. Es ist auch kein Unglück, wenn sich am Anfang gar nichts oder nur wenig ereignet. Aber im Laufe der Zeit werden Sie zu dem gewählten Wort eine neue Beziehung gewinnen. Nicht durch einen bewußten Akt, sondern weil sich Ihre Seele zu öffnen beginnt und Sie fühlen läßt, was das gewählte Wort wirklich für Sie bedeuten kann.

Wenn in den ersten Übungen sich nicht allzuviel ereignet, liegt es vielleicht auch daran, daß Sie das falsche Wort gewählt haben. Es ist gar nicht so einfach, für die Betrachtung und später für die Meditation einen Gegenstand zu gewinnen, der sich dafür eignet. Denn dieser Gegenstand – ein Wort, ein Zitat, ein Bild, eine Blume – muß zu Ihrer Persönlichkeit und zu Ihrem derzeitigen Befinden passen. Das heißt, Sie müssen etwas finden, womit Sie sich identifizieren können.

Dieser Gegenstand erschließt sich nicht ohne weiteres. Falsch ist es, ihn krampfhaft zu *suchen.* Erfolgreicher ist es im allgemeinen, sein Gefühl frei schweben zu lassen und etwas zu *finden.*

Gerade weil es schwierig ist, geeignete Gegenstände für Betrachtung und Meditation zu finden, mache ich Ihnen im folgenden einige Vorschläge. Dort sollen Sie nicht bewußt suchen. Wenn Sie Texte halbbewußt wie im Traum lesen, finden Sie eher die Stelle, die sich für Sie persönlich eignet.

Eine unerschöpfliche Quelle ist naturgemäß die *Bibel.* Sie steht daher zu Recht in allen Anleitungen für die Textmeditation an erster Stelle. Manche greifen auch gerne zu GEORG BÜCHMANNS *Geflügelten Worten* oder einem ähnlichen Buch, also zu Sammlungen berühmter Zitate.

Als Fundgruben eignen sich erfahrungsgemäß auch besonders die Predigten des deutschen Mystikers Meister ECKEHART, die Reden des italienischen Mönches und Ordensgründers FRANZ VON ASSISI, Texte von MARTIN LUTHER, die Gedanken des französischen Naturwissenschaftlers und Religionsphilosophen BLAISE PASCAL und die Werke der schon zitierten Dichter JOHANN WOLFGANG VON GOETHE und NOVALIS.

Wählen Sie immer nur kurze Sätze. Lange, womöglich kompliziert gebaute Sätze sind für eine Betrachtung meistens ungeeignet. Dasselbe gilt für allzu altertümlich formulierte und fremdsprachige Texte, es sei denn, Sie sind in anderen Zeiten und Sprachen wirklich zu Hause.

Wie in Kapitel 9 schon erörtert wurde, kann man eine Betrachtung und Meditation auch aktiv ausführen. So ist es zum Beispiel in einigen Familien üblich, zu bestimmten Zeiten einen Text vorzulesen und gemeinsam zu hören. Es muß sich dabei keineswegs um religiöse Texte oder Bibelandachten handeln. In Frage kommen auch Gedichte, für Bewunderer deutscher Literatur zum Beispiel Gedichte von FRIEDRICH HÖLDERLIN oder GOTTFRIED BENN. Es kommt viel öfter vor, als Sie vermutlich denken, daß auch in einem kleineren Kreis längere Stücke, wie zum Beispiel ein Märchen, eine Novelle oder ein Roman, gelesen und gehört werden.

Keine Angst vor dem Vorlesen! Es kommt nicht darauf an, daß besonders schön oder gar wie von Schauspielern vorgetragen wird. Wichtiger ist, daß der gewählte Text langsam und mit Bedacht gelesen und von den Zuhörern verinnerlicht wird.

Einen Überrest dieses Versuches, gemeinsam Ruhe zu finden, Stille zu suchen und einen Text zu verinnerlichen, erleben wir, wenn wir an Weihnachten in der Kirche oder im Rundfunk die Weihnachtsgeschichte aus dem *Lukas-Evangelium* hören.

Andere Menschen wird es mehr befriedigen, selbst etwas zu schreiben. Es müssen nicht Gedichte sein. Für den Anfang ist es vielleicht am günstigsten, ein Tagebuch zu führen oder einen an einen geliebten oder geschätzten Menschen gerichteten Brief zu schreiben. Fast gilt es, eine alte Kulturtradition wiederzuerwecken, die durch das Telefon, das Radio und das Fernsehen verkommen ist. Es hatte durchaus seinen Sinn, wenn unsere Vorfahren versuchten, sich in Tagebüchern über sich selbst klarzuwerden oder sich anderen in aller Ruhe in Briefen mitzuteilen.

Wir dürfen davon ausgehen, daß viele Menschen ein großes Bedürfnis haben, sich schriftlich auszudrücken. Was in Zeitungen, Zeitschriften und Büchern geschrieben wird, stammt im allgemeinen von professionellen Autoren. Die weitaus größere Anzahl von »Schriftstellern« tritt nie öffentlich in Erscheinung. Um nun dieser Mehrzahl zu helfen, allerdings mit dem Ziel, in ihr wenigstens bisweilen auch ein großes Talent zu entdecken, sind heute schon öffentliche Beratungsstellen eingerichtet worden, so zum Beispiel in Düsseldorf und Hamburg.

Bildmeditation

Jedes Bild ist ein Fenster. Wie Sie durch ein Fenster hinaus und in die Natur hineinsehen können, so können Sie durch das Bildfenster hinaus und in die Seele eines Künstlers hineinsehen. Nutzen Sie die Chance, die Welt und sich selbst auf diese Weise neu zu erleben!

Der Ausblick aus Ihrem Wohnzimmer ist Ihnen vermutlich schon zu vertraut. Sie finden nichts Besonderes mehr an dem, was Sie draußen sehen. Was Sie hingegen in einem Bild anschauen, ist neu für Sie, und wenn Sie diese Anschauung vertiefen, können Sie unter Umständen anschließend auch durch Ihr Wohnzimmerfenster etwas neu sehen lernen.

Wir hängen unsere Bilder an die Wand. Die Japaner hingegen verwahren sie in Schubladen und nehmen sie nur heraus, wenn sie sie intensiv betrachten wollen. An das Bild an der Wand können wir uns genauso gewöhnen wie an das Wohnzimmerfenster. So verliert das Bild an der Wand auf die Dauer an Wert. Die japanische Art, Bilder zu betrachten, ist also recht sinnvoll. Es ist daher auch nichts dagegen zu sagen, wenn heutzutage viele Menschen anstelle kostbarer Bilder Graphiken bevorzugen und diese Graphiken an den Wänden des öfteren austauschen.

Wie bei der Textmeditation geht es nicht etwa darum, Bilder zu interpretieren. Überlassen Sie das den Studenten an der Akademie oder den Lehrern gleich welcher Schule! Auf den Weg zur Meditation begeben Sie sich nur dann, wenn Sie in aller Ruhe die Farben, die Formen und den Inhalt eines Bildes auf sich wirken lassen.

Dabei ist es wiederum für Sie wichtig, ein Bild zu finden, das Sie anspricht. Die Kunst der Welt steht zu Ihrer Verfügung. Machen Sie davon Gebrauch. Sie müssen nicht religiöse oder betont meditative Bilder wählen. Es kann sein, daß für Sie eine Landschaft oder ein Stilleben angemessener ist.

Bilder religiöser Thematik können jedoch hilfreich sein, wenn sich eine Textstelle aus der *Bibel* mit einem Bild verbindet. Die Anschauung wird durch den Text verstärkt. Um ein berühmtes Beispiel zu nennen: An der Decke des Mausoleums der Kaiserin GALLIA PLACIDIA in Ravenna findet sich ein Mosaik, das zwei Hirsche zeigt, die mit erhobenem Kopf in einer Landschaft auf eine Quelle zuschreiten. Das Bild bezieht sich auf den 42. Psalm, Vers 2: »Wie der Hirsch schreit nach frischem Wasser, so schreit meine Seele, Gott, zu dir.«

Entgegen der landläufigen Meinung, moderne Künstler

produzierten nur Häßliches oder Unverständliches, sind gerade in den letzten Jahrzehnten eine Fülle von meditativen Bildern gemalt worden. Schon der asketische Zug, der vielen modernen Bildwerken eigen ist, weist darauf hin, daß viele Künstler – die ja heute nicht mehr wie im Mittelalter im Auftrag und für die Kirche malen – die Verinnerlichung des Geschauten und die meditative Darstellung geradezu suchen. Sie sind sich dieses Wunsches, wie viele Zitate zeigen, auch durchaus bewußt. So schreibt zum Beispiel der französische Maler HENRI MATISSE, der dem Kreis der »Fauves« angehörte: »Das Wahre und Wirkliche in der Kunst beginnt erst dann, wenn man nicht begreift, was man tut und was man kann, und dennoch eine Kraft in sich spürt, die um so stärker wird, je mehr man ihr entgegenwirkt. Man muß sich deshalb ganz klar, rein und unschuldig darbieten.«

Ähnlich äußert sich der deutsche Expressionist ERNST LUDWIG KIRCHNER: »Die Möglichkeit, sich soweit zu entselbsten, daß man mit dem andern diese Verbindung eingehen kann, aus diesem Stadium mit irgendwelchen Mitteln, sei es durch Worte, Farben oder Töne, zu schaffen, ist Kunst.«

Zum Meditieren besonders anregende Bilder haben vor und im Zweiten Weltkrieg zum Beispiel gemalt: der Russe WASSILY KANDINSKY, der Holländer PIET MONDRIAN und der Schweizer PAUL KLEE. Aber auch in der neuesten Zeit sind großartige meditative Bilder entstanden, besonders in Amerika im Umkreis der sogenannten Farbfeldmalerei, so zum Beispiel von JOSEPH ALBERS, MARK ROTHKO, BARNETT NEWMAN und YVES KLEIN. Nicht zu vergessen sind natürlich die Christusporträts, die zu Beginn des Jahrhunderts der Franzose Georges Rouault und der Russe Alexej Jawlensky gemalt haben.

Eine besondere Form der Bildbetrachtung knüpft sich an das *Mandala.* Das Wort kommt aus dem Indischen und bezeichnet ein Bild, das in sich eine geistig-seelische Ganzheit symbolisiert. Ein Mandala ist immer das Zeugnis beeindruckender meditativer Erfahrung.

Mandalas sind im allgemeinen in ein Quadrat eingeschriebene Kreise; oft nehmen sie aber auch andere Formen, zum Beispiel von Vielecken, an. Berühmte, aber als solche vielleicht nicht so geläufige Mandalas sind in unserer Kultur zum Beispiel Christi Heiligenschein oder die Fensterrosetten gotischer Kathedralen wie zum Beispiel jene in Straßburg oder Chartres.

Mandalas finden sich aber auch reichlich in der Natur. Das Sonnensystem und andere Sternensysteme sind Mandalas wie auch das Atommodell oder Zellen mit ihrem Kern. Vieleckige Mandalas lassen sich in Kristallordnungen ausmachen, ob nun in Mineralien oder in Schneekristallen.

Da sich ein Mandala sowohl in der Natur als auch in vielen Werken der bildenden Kunst erkennen läßt, eignet es sich besonders gut für die Meditation.

Zur Bildmeditation im weiteren Sinne gehört auch die *Vergegenwärtigung von Träumen.* Damit ist hier nicht die psychoanalytische Deutung von Träumen gemeint, die ja auf einer Traumanalyse beruht, sondern, wie bei jeder anderen Bildmeditation auch, die Versenkung in den Traum, die zu einer neuartigen Erfahrung unserer Traumwelt und überhaupt unseres Lebens führen kann.

Genauso wie man selbst der Besinnung und meditativen

Einschau willen Texte schreiben kann, so kann man auch *Bilder zeichnen oder malen.* Zunächst reichen schon Papier und Bleistift aus. Oft ist jedoch gerade die Farbe zur Einhegung meditativer Erfahrungen fruchtbar. Sie sollten dabei nicht den Ehrgeiz entwickeln, ein guter – ein realistischer – Maler zu werden. Haben Sie getrost den Mut, eine Landschaft oder eine Blume, wie Sie sie sehen, zu malen. Eine Rose zum Beispiel ist übrigens auch ein besonders auffälliges Symbol eines Mandalas.

Verzichten Sie ruhig darauf, etwas Bestimmtes malen zu wollen, und lassen Sie sich überraschen. Eine Möglichkeit, die hier nur zur Anregung im Detail geschildert wird, besteht darin, daß Sie sich in einem Geschäft für Zeichenbedarf Japanpapier und einen Aquarellkasten besorgen. Das Japanpapier macht man in der Badewanne pitschnaß (Vorsicht, daß es nicht reißt!) und legt es dann faltenfrei auf eine für diesen Zweck bereitgestellte schrägstehende Tafel. Wenn Sie nun beginnen, die Aquarellfarben auf das Papier aufzutragen, dann werden Sie erleben, daß die Farben auf dem getränkten Papier weiterlaufen. Das können Sie nicht verhindern; das sollen Sie auch gar nicht. Aber Sie können versuchen, sich dem Lauf der Farben anzupassen, und Sie werden es bei einiger Übung erreichen, daß auf diese zum Teil Ihrem Einfluß entzogene Weise ein Bild entsteht, das Ihnen entspricht. Hauptsache: Sie malen spontan!

Jede Bildmeditation führt über das Sehen zum Betrachten und schließlich zum verinnerlichten Anschauen.

Musikmeditation

Wir kennen bereits die Voraussetzungen, die zur inneren Sammlung und Meditation führen, und brauchen diese hier nicht zu wiederholen. Was bisher über die Text- und Bildmeditation gesagt wurde, dürfte Ihnen klargemacht haben, worauf Sie achten müssen, wenn Sie mit Hilfe der Musik meditative Erfahrungen machen wollen.

Die Musik ist, im Unterschied zur Literatur und zur Malerei, *eine Kunst, die den Raum füllt.* Daher wird wer sich hörend der Musik hingibt von der Musik erfüllt. Der Klang dringt in den Körper ein, der Rhythmus nimmt uns mit. Wir treten sozusagen aus unserer Eigengesetzlichkeit und somit auch aus unserer Verspannung und Verkrampfung heraus und folgen der musikalischen Ordnung.

Vor Tausenden von Jahren war es nicht üblich, Musik zu hören. Musik wurde grundsätzlich erlebt, indem man spielend, *singend oder tanzend* mitmachte. Tanz ist noch heute der deutlichste Ausdruck dafür, was Musik bewirken kann. Aber dessenungeachtet kann Musik auch den Hörer erfassen. Zeitgenossen berichten, daß Zuhörer von ihren Stühlen aufsprangen und laut schreiend und gestikulierend herumliefen, als zu Beginn des neunzehnten Jahrhunderts in Wien Sinfonien Ludwig van Beethovens uraufgeführt wurden.

So deutlich muß die Wirkung von Musik freilich nicht immer in Erscheinung treten. Aber noch heute kann jemand, der in eine Kirche geht und dort einen Chor singen hört, spüren, daß er nach einiger Zeit entsprechend dem Rhythmus des Gesangs mitatmet. Der Klang einer Orgel füllt in einer so großartigen Weise den ganzen Raum, daß man glauben könnte, selbst Musik zu werden.

Seit jeher wird versucht, Musik auch *therapeutisch zu nutzen.* Entsprechende Berichte liegen nicht nur von den Naturvölkern vor. Auf den Titelblättern bedeutender Barockmusik lesen wir immer wieder, daß sie der »Gemützergetzung« dienen sollte. Das war keine Redensart! Zum Beispiel berichtet ein Zeitgenosse JOHANN SEBASTIAN BACHS über die Entstehung der *Goldberg-Variationen*, die Bach im Auftrag eines kränkelnden Grafen komponierte, damit ihn dessen Hofpianist GOLDBERG »in seinen schlaflosen Nächten ein wenig aufheitere«.

Kein Mensch ist unmusikalisch! Aus der Bedeutung, die die Musik seit Urzeiten für den Menschen hat, ergibt sich, daß in jedem von uns Musik steckt, die nur wieder »hervorgelockt« werden muß. Nur einige unfähige Schulmusiklehrer sorgen dafür, daß so manche glauben, sie seien unmusikalisch. Jugendliche, die auffällig verkrampft und verklemmt sind, kann man zum Beispiel auflockern, wenn man ihnen Unterricht am Schlagzeug erteilt. Rhythmus sprengt innere Fesseln.

Am sinnvollsten aber ist es, wenn man Körper und Seele in gemeinsame Schwingungen versetzen will, zu singen. Leider haben viele Menschen eine Scheu davor, sich auf diese Weise zu äußern. Die Angehörigen könnten über falsche Töne lachen, Nachbarn sich gestört fühlen. Lassen Sie sich nicht entmutigen; es kommt ja nicht darauf an, besonders schön zu singen. Ihr Gesang soll nicht irgendwelchen Leuten gefallen, sondern Ihnen selbst etwas geben.

Es gibt auch genügend Orte, wo Sie singen können,

ohne jemanden zu stören. So singen manche beim Autofahren. Besser ist es aber, sich auf das Singen zu konzentrieren. Sie können in der freien Natur singen oder auch in jeder Kirche.

Meditation beim Hobby

Wer wirklich will, hat jederzeit die Möglichkeit, etwas dafür zu tun, sich selbst zu finden und zu helfen. Handarbeit und Handwerk können, sinnvoll ausgeübt, durchaus zu einer verinnerlichten Vergegenwärtigung des Lebenswertes und des Lebenssinns führen. Nicht umsonst arbeiten so viele Menschen gerne im Garten. Sie sind dort der Natur nahe. Sie verrichten dort eine Arbeit, die sie mit der Erde verbindet. Sie sind umgeben von Wachstum und Gedeihen, das sich unabhängig vom menschlichen Intellekt entfaltet. Zudem ist nicht nur die Rose ein klassisches Mandala, viele andere Blumen sind es auch.

Es ist aber auch möglich, sportlicher Betätigung in unserem Sinn etwas abzugewinnen. Dabei ist nicht nur an Spazierengehen und Wandern zu denken, sondern auch an Schwimmen, Schilaufen und Fliegen in kleinen Maschinen.

Die Berührung mit dem Wasser ist eine Berührung mit dem Element, von dem die Mythen der Menschheit erzählen, aus ihm sei das Leben entstanden. Für jeden Psychologen ist es daher aufschlußreich, wenn sich zeigt, daß jemand regelrecht Angst vor dem Wasser hat. Schließlich können ja, wie man in den letzten Jahren des öfteren ausprobiert hat, bereits Babys schwimmen.

Wer gelernt hat, auf Schiern einen Hang mühelos hinunterzuschwingen, weiß, mit welchem Glücksgefühl diese Bewegung verbunden ist. Nicht umsonst werden alle diese sportlichen Betätigungen, die mit Leistungssport nicht das Geringste zu tun haben, heute von Psychotherapeuten genutzt.

Das Gebet

Natürlich ist das Gebet eine bestimmte Form der Textmeditation; aber da es sozusagen *die* Form der Meditation schlechthin ist, stelle ich es mit Absicht hier an den Schluß des Buches. Daß heutzutage nur noch so wenig gebetet wird, hängt maßgeblich damit zusammen, daß man mit dem Gebet falsche Vorstellungen verbindet beziehungsweise an das Gebet falsche Erwartungen knüpft. Früher war tatsächlich das Gebet so eine Art Beschwörungsformel, verwandt den Versuchen der Naturvölker, durch irgendwelche Riten die Götter beispielsweise zu bewegen, es regnen zu lassen.

Für den Menschen unserer Zeit ist es natürlich nicht mehr möglich, magische Formeln mit einem Gebet zu verbinden. Gott läßt sich durch unser Gebet bestimmt nicht zwingen. Doch die Hinwendung zu Gott erfüllt uns mit *Kraft, Zuversicht und Freude.* Sie befähigt uns, uns selbst und unsere Mitmenschen zu lieben, und diese Liebe wiederum ermöglicht uns, das Leben zu meistern im Versuch, das Beste zu wollen und zu tun.

Der Apostel PETRUS hat den Sinn des Gebetes in seinem

Ersten Brief (5, 7) folgendermaßen ausgedrückt: »Alle eure Sorgen werfet auf ihn [Gott], denn er sorgt für euch.«

In diesem Zusammenhang erscheint es angebracht, an das *Tischgebet* zu erinnern. Es ist in einer Zeit, da es zu essen und trinken im Überfluß gibt, fast ganz aus der Übung gekommen. Es hatte den Sinn und könnte diesen noch heute haben, daran zu erinnern, daß der Vorrat an Speise und Trank nicht selbstverstänlich ist. Wer sich von Zeit zu Zeit vor dem Essen darauf besinnen würde, dem würde bewußter, was Essen im Kreislauf der Natur eigentlich bedeutet, und dem würde vielleicht auch ein sparsameres Essen schmecken.

Essen bedeutet Leben. Hungern entzieht Leben. Man kann jedoch auch bewußt hungern. Das nennt man dann Fasten. Fastenzeiten waren von jeher auch Meditationszeiten. Ein Tier fastet nicht, es hungert.

In der Fastenzeit – in der Meditation, im Gebet – kann der Mensch erfahren, was es bedeutet, ein Wesen zu sein, das nicht nur den Körper, sondern auch Geist und Seele nähren muß.

Der Tod

Mitunter ist es besser, nichts zu tun und nichts zu sagen. Menschen, die gut zuhören und gut schweigen können, werden allgemein sehr geschätzt. Der preußische Feldmarschall HELMUTH VON MOLTKE prägte das Wort »Mehr sein als scheinen« und wurde »der große Schweiger« genannt. Die alten Römer hinterließen uns die Redensart: »Sic tacuisses, philosophus mansisses« (Hättest du geschwiegen, wärest du ein Weiser geblieben). Bei uns sagt man: »Reden ist Silber, Schweigen ist Gold.«

Es gibt Ereignisse im Leben eines jeden Menschen, über die man nur etwas erfährt, wenn man sich ihnen meditierend nähert. Der Tod soll und darf nicht übergangen werden, aber nur schweigend und in der Stille erfährt man mehr über ihn.

Viele Menschen wollen über den Gegenpol ihres Lebens, über den Tod, nichts wissen. Wir müssen uns aber immer wieder klarmachen, daß unser Leben auf einen Endpunkt, auf den Tod, zuläuft. Nur wer akzeptieren kann, daß er sterben wird, wird auch in seinem Leben den vollen Sinn finden. Den Tod als natürliche Vollendung des Lebens zu sehen ist Teil urpersönlicher meditativer Erfahrung, die wesentlich zu unserer inneren Harmonie beiträgt.

Als Ort für eine Meditation über den Tod eignen sich naturgemäß Friedhöfe und Grabdenkmäler besonders gut. Auch im Krankenhaus und am Sterbebett eines unserer Lieben haben wir Gelegenheit, über den Tod und das Sterben nachzudenken.

Vielleicht kann es auch hilfreich sein, Malern, die sich ausführlich mit diesem Thema beschäftigt haben, in ihren Bildern zu begegnen, etwa einem EDVARD MUNCH, FERDINAND HODLER oder PAUL KLEE.

An den Schluß dieses Buches möchte ich die Zeilen FRIEDRICH HÖLDERLINS stellen, die die Überschrift *Der Kirchhof* tragen. Sie geben gut wieder, wie meditativ die Stimmung an diesem Ort sein kann:

Du stiller Ort, der grünt mit jungem Grase,
Da liegen Mann und Frau, und Kreuze stehn,
Wohin hinausgeleitet Freunde gehn,
Wo Fenster sind, glänzend mit hellem Glase.

Wenn glänzt an dir des Himmels hohe Leuchte
Des Mittags, wenn der Frühling dort oft weilt,
Wenn geistige Wolke dort, die graue, feuchte,
Wenn sanft der Tag vorbei mit Schönheit eilt!

Wie still ist's nicht an jener grauen Mauer,
Wo drüberher ein Baum mit Früchten hängt;
Mit schwarzen, tauigen, und Laub voll Trauer,
Die Früchte aber sind sehr schön gedrängt.

Dort in der Kirch ist eine dunkle Stille,
Und der Altar ist auch in dieser Nacht geringe.
Noch sind darin einige schöne Dinge,
Im Sommer aber singt auf Feldern manche Grille.

Wenn einer dort Reden des Pfarrherrn hört,
Indes die Schar der Freunde steht daneben,
Die mit dem Toten sind, welch eignes Leben
Und welcher Geist, und fromm sein ungestört.

Wenn Sie über den Inhalt dieser Verse – oder anderer Gedichte – meditieren, sollten Sie sich natürlich immer klar sein, daß sich Dichterworte meist weitgehend dem logischen Denken unseres Verstandes entziehen. Logisches Analysieren wird ja aber beim Meditieren wirklich nicht bezweckt.

Gehen Sie einfach in die Stille und lassen Sie absichtslos den Inhalt auf sich wirken.

Und noch etwas: Wenn Sie ein Gedicht lesen und es sagt Ihnen nichts oder nicht viel, so ist das nicht Ihre Schuld. Lesen Sie ein anderes, vielleicht mehrere, bis Sie an Inhalte kommen, die Ihrer Gestimmtheit und Ihrer momentanen Lage entsprechen. So erfüllt – ob Sie dann zu tieferen Einsichten gelangen oder nur zu stiller Versenkung finden – Ihr Meditieren seinen Sinn.